blue notes
88

Milena Jesenská, Olga Iwinskaja und Ingeborg Bachmann haben Dichter geliebt, die Briefe und Gedichte an sie gerichtet und über sie geschrieben haben. Sie liebten ihre Texte und traten in einen Dialog mit den Männern über Literatur – über ihre Literatur. Die Erzählungen, Romane und Gedichte, die Franz Kafka, Boris Pasternak und Paul Celan verfassten, sind wie Pforten, durch die diese drei Frauen schritten, um sich mit ihrer ganzen Existenz für die Literatur einzusetzen. Und sie arbeiteten zusammen – an Übersetzungen wie Kafka und Milena Jesenská, am Roman wie Pasternak und Olga Iwinskaja, an Gedichten wie Celan und Ingeborg Bachmann. Wechselseitiges Geben und Nehmen trug diese Zusammenarbeit. So fanden alle drei Dichterpaare Worte für einander und über einander – aus Liebe zum Wort, in dem sie auch ihre Liebe lebten, zumindest für eine Zeit und selbst unter widrigen persönlichen und gesellschaftlichen Umständen.

Simone Frieling, 1957 in Wuppertal geboren, lebt als Malerin und Autorin in Mainz. Sie veröffentlichte Erzählungen, Romane, Essays, literarische Sachbücher und Anthologien. 1998 erhielt sie den Martha-Saalfeld-Literaturpreis. Ihre Ölbilder, Aquarelle, Pastelle und Grafiken wurden in zahlreichen Ausstellungen gezeigt.

Simone Frieling

Dichterpaare

Lass uns Worte finden …

Mit Grafiken
von Simone Frieling

ebersbach & simon

Inhalt

Vorwort
Lass uns Worte finden

Von drei ganz verschiedenen Paaren wird in diesem Buch erzählt, die jedoch eines gemeinsam haben: Sie suchen Worte – die Worte, die große Literatur ausmachen und der Verständigung von Liebenden dienen.

Da sind zum Ersten der Prager Schriftsteller Franz Kafka, der weltberühmt geworden ist vor allem mit seiner fantastischen Erzählung *Die Verwandlung*, und seine Landsmännin, Milena Jesenská, die erste Übersetzerin seiner Geschichten, die sie vom Deutschen ins Tschechische übertrug. Jesenská war eine vielseitige Essayistin und Journalistin, die 1939 als Widerstandskämpferin Verfolgten des Nazi-Regimes zur Flucht verhalf und selbst im Konzentrationslager starb.

Da sind zum Zweiten Boris Pasternak, der große russische Dichter, der sich unter der stalinistischen Diktatur ins innere Exil zurückzog und so für die Öffentlichkeit fast seine Stimme verlor, und die Journalistin Olga Iwinskaja. Sie übersetzte mit ihm zusammen, war seine Gesprächspartnerin in Fragen der Literatur und der Politik und wurde das Vorbild für Lara, die Geliebte des Protagonisten in Pasternaks einzigem Roman *Doktor Schiwago*, der zu den wichtigsten der russischen Moderne gehört. Als Pasternak 1958 den Nobelpreis erhielt und ihn unter politischem Druck nicht annehmen konnte, beriet Olga ihn. Sie nahm Bespitzelung, Verhöre, Folter und jahrelanges Arbeitslager auf sich für ihre große Liebe und für »unseren Roman«, wie sie *Doktor Schiwago* stolz nannte.

Zum Dritten sind da schließlich der Lyriker Paul Celan aus Czernowitz, der Dichter der »Todesfuge«, die durch ihre eindrücklichen Bilder und kühnen Metaphern später weltweit bekannt wurde, und Ingeborg Bachmann, selbst eine früh berühmte Lyrikerin, die ihn bewunderte und ihm in manchem nacheiferte. Auch als sie schon erfolgreich war, warb sie immer noch für sein Werk und stellte ihr eigenes in den Schatten. Doch dann, knapp zehn Jahre später, bezog sich Celan auch auf ihre Gedichte; ein poetisches Gespräch zwischen ihnen entstand. In seinen schlimmsten seelischen Krisen wurde sie sein stärkstes Korrektiv.

Die drei Männer waren alle Juden, jeder auf seine Weise in seiner Zeit: Kafka ohne Glauben, Pasternak eher Christ als gläubiger Jude, Celan ein Suchender bis zu seinem Ende. Gemeinsam ist ihnen die Hingabe an das Schreiben. Aus verschiedenen Gründen lebten sie mit ihren Geliebten nicht oder nicht lange zusammen. Nur für drei gemeinsame Tage und Nächte mit Milena reichte der Mut Kafkas aus, Pasternak und Olga konnten bloß am Tage zusammen sein, die Nächte mussten sie getrennt voneinander verbringen, Celan und Ingeborg Bachmann haben in zehn Jahren, in denen ihre Liebe aufflammte und verstummte, weniger als drei Monate zusammen gewohnt.

Die drei Frauen hatten ein unterschiedliches weibliches Selbstverständnis. Gleichwohl setzten sie sich mit ihrer ganzen Existenz für die Literatur der geliebten und verehrten Männer ein. Sie traten in einen Dialog mit ihnen, wechselseitiges Geben und Nehmen war Grundlage ihres Zusammenseins und ihres Zusammenarbeitens. So fanden alle diese Dichterpaare Worte für einander und über einander – aus Liebe zum Wort, in dem sie auch ihre Liebe lebten, zumindest für eine Zeit und selbst unter widrigen persönlichen und gesellschaftlichen Umständen. Als die Liebe erlosch, fühlte sich keine der Frauen betrogen. In ihren Beziehungen gab es weniger einen Bruch als ein Scheitern, das der Achtung keinen Abbruch tat. Die drei Frauen gingen ihren Weg weiter.

Sie ist mir unerreichbar: Milena Jesenská und Franz Kafka

Sagen Sie ihrer Tochter, dass Milena Jesenská vor mir in der Erinnerung als der gütigste und größte Mensch steht, dem ich je begegnet bin. Ihre Selbstlosigkeit, ihr Mut, ihre Entschlossenheit, ihr kühnes Handeln – ach, wie musste sie es büßen, ein außergewöhnlicher Mensch zu sein. Als ich die Nachricht von ihrem Tode erhielt, schämte ich mich wahrhaftig, dass ich mein armseliges Leben gerettet hatte und dass sie, die Wertvollere, tot sein sollte!

Walter Tschuppig, 1947

I

Frisch verheiratet, vom Vater enterbt und verstoßen, verlässt Milena Jesenská mit ihrem Mann Ernst Polak im März 1918 die geliebte Heimatstadt Prag, um nach Wien überzusiedeln. »Als ich nach Wien kam, war ich ein kleines Mädel, konnte kein Wort Deutsch und hatte keinen Heller. Polak ließ mich in der fremden Stadt auf dem Bahnhof allein und ging zu seiner Geliebten.«

So beginnt die Ehe der stolzen jungen Frau, die sie gegen den Vater durchgesetzt hat. Auf dem Bahnhof von Wien endet für immer ihr privilegiertes Leben, das sie bisher in großbürgerlichen Verhältnissen in Prag geführt hat. Einsam und orientierungslos streift sie durch die fremden Straßen. Ein ärmlich möbliertes Zimmer in der Nußdorfer Straße 14, das ihr Mann angemietet hat und in dem sie die meiste Zeit allein verbringen wird, ist ihre erste Behausung.

Von Anfang an liegt ein Schatten auf der Verbindung mit dem um zehn Jahre älteren jüdischen Bankangestellten Ernst Polak. Das Bekenntnis zu ihm hat das junge Mädchen um die Liebe und das Wohlwollen ihrer ganzen Familie gebracht. Jetzt, in Wien, kommt es ihr so vor, als spiegele die fremde Stadt ihr persönliches Leid wieder. Die einst glanzvolle Metropole des österreichischen Großreichs, in der sie sich nun behaupten muss, gleicht am Ende des Ersten Weltkriegs, nach vier Hungerjahren, einer »sterbenden Stadt«. Nicht nur unter den Arbeitern und Kleinbürgern herrscht Verzweiflung über die sprunghafte Inflation, über die miserable Versorgung mit Lebensmitteln, über Krankheit und Hungertod. Vielerorts gibt es Streiks, revolutionäre Gruppen bilden sich, und es kommt zu Aufruhr.

Selbstzufrieden, in der Überzeugung, Milena nicht weiter verpflichtet zu sein, überlässt Polak seine junge Frau den neuen Verhältnissen. Er hat sie geheiratet – obwohl er eine andere Frau liebt – und alles getan, um sie von ihrem tyrannischen Vater zu befreien, der sie fast in den Selbstmord getrieben hat. Polak geht tagsüber seiner Arbeit als Devisenhändler in der Österreichischen Landesbank nach, in deren Zweigstelle er schon in Prag beschäftigt gewesen war, und am Abend, wie gewohnt, ins Café. Im Café Central beginnt, in einem Kreis von befreundeten Literaten, sein eigentliches Leben. Da sind die

Autoren Franz Werfel, Egon Erwin Kisch, Franz Blei, Hermann Broch, Karl Kraus, Alfred Polgar und später auch Heimito von Doderer, in deren Gesellschaft sich die Nächte aufs Beste verbringen lassen.

Milena, eine extravagante Erscheinung in Prager Zeiten, wirkt in Wien überall »wie fehl am Platz«. Nach einigen Versuchen gibt sie es auf, sich dem Kreis im Café Central und später dem im Café Herrenhof anzuschließen, obwohl sie sich gerade für Literatur sehr interessiert. Ihre einsamen Tage sind angefüllt mit Lektüre, dem Lernen der fremden Sprache und journalistischen Schreibversuchen, die ihr schon bald glücken. Denn Milena muss Geld verdienen; Ernst Polak verfügt zwar über ein regelmäßiges Einkommen, das aber zu einem beträchtlichen Teil seinen Geliebten zu fließt, die auch versorgt werden müssen.

Frei zwar, aber ganz auf sich gestellt, »ich hatte damals niemanden auf der Welt«, erleidet Milena zum zweiten Mal in ihrem Leben Qualen durch einen Mann. In der Kindheit und Jugend war der Vater für diese Qualen verantwortlich gewesen, jetzt ist es der leidenschaftlich geliebte Ehemann. Isoliert, der fremden Sprache nicht mächtig, gepeinigt von brennender Eifersucht, die sie nicht wagt zu zeigen, verliert Milena Stück für Stück ihr Selbstvertrauen. Zurück nach Prag kann sie nicht, auch von ihrem Vater nichts erbitten. Denn Jan Jesenský, Nationalist und Antisemit, hat prophezeit, dass die Ehe mit dem ihm verhassten jüdischen »Kaffeehaus-Literaten« für seine Tochter nur Unglück bringen würde.

Gegen heftigsten Widerstand des Vaters, den über Prag hinaus berühmten Universitätsprofessor und

Kieferchirurgen Jan Jesenský, hat Milena an ihrer ersten großen Liebe festgehalten – allen Widerständen zum Trotz. Kennengelernt hat sie Ernst Polak schon 1914 im Arco, dem berühmten Stammcafé der Prager Literaten, zu denen auch Franz Kafka gehört. Die noch nicht 18-Jährige ist fasziniert von Polaks Belesenheit, Klugheit und Eloquenz; ihr scheint, er gibt im Arco den Ton an. Außerdem interessiert er sich wie sie für Musik, begeistert sich für die Oper. Mit der ihr eigenen Unbedingtheit beginnt Milena eine Liebesbeziehung, in die sie sich von niemandem hineinreden lässt – schon gar nicht von ihrem Vater.

Denn zu ihm, dem autoritären, cholerischen Mann, der mit einem Selbstbewusstsein ausgestattet ist, das keine Selbstzweifel kennt, hat sie von Kindertagen an ein gespaltenes Verhältnis. Sein Erziehungsstil fordert altmodische Höflichkeitsformen, die in anderen bürgerlichen Häusern längst abgeschafft sind: Das kleine Mädchen muss den Vater siezen und ihm bei der Begrüßung die Hand küssen. Besonders durch das letzte Gebot wird das Kind gedemütigt und die Macht des Vaters herausgestellt. Denn die geküsste Hand ist dieselbe, die es schlägt, dieselbe, die das dreijährige Kind grob in die Wäschetruhe stößt, den hölzernen Deckel so lange verschlossen hält, bis Milena glaubt zu ersticken. Von diesem Zeitpunkt an entwickelt sie eine panische Angst vor dem Vater.

Der Mutter, in den letzten Jahren durch eine unheilbare Anämie, bei der das Knochenmark keine roten Blutkörperchen herzustellen vermag, ans Bett gefesselt, liegt es fern, die Erziehungsmaßnahmen ihres Mannes infrage zu stellen. Zwar hat Milena Hejzlarová eine große Mitgift in die Ehe gebracht, ohne die ihr Mann sein Auslandsstudium nicht hätte bestreiten, auch später seine Praxis nicht hätte einrichten können. Doch daraus leitet sie keinen Machtanspruch ab. Sie gehört zu der Generation, die die Rolle der dienenden Ehefrau widerspruchslos verinnerlicht hat. Lediglich wenn sie mit ihrer Tochter allein ist, gibt sie ihr eindeutige Zeichen der Liebe: »Nur meine Mutter verstand mich ganz.« Sie hat »mich nie geschlagen, als ich klein war, nicht einmal ausgeschimpft«, erzählt Milena später wehmütig.

Als Jugendliche verbringt sie jeden Tag viele Stunden am Bett ihrer Mutter. Obwohl sie das nicht immer gerne tut, wird in dieser Zeit der Boden für ihre Hilfsbereitschaft bereitet: Fraglos wird sie bis zum Ende ihres Lebens Menschen in Not beistehen. Nicht nur die Nachmittage verbringt das junge Mädchen im Krankenzimmer, während ihre Freundinnen in der Stadt flanieren, sondern auch die Abende und halbe Nächte.

In den Abendstunden, in denen Milena bei ihrer Mutter wacht, geht Jan Jesenský seinen Leidenschaften nach. Er ist nicht gewillt, seine Gepflogenheiten zu verändern. Gegen Mitternacht kommt er für gewöhnlich nach Hause, in wilder, überreizter Stimmung, die er vom Spieltisch mitbringt, an dem es um große Summen gegangen ist – oder fröhlich und selbstverliebt von einer seiner Freundinnen, die ihm das gewährt, was er zu Hause entbehrt. In dieser Verfassung betritt er das Krankenzimmer, durchbricht mit groben Scherzen die Stille, in der die beiden Frauen die letzten Stunden im dämmrigen Halbschlaf verbracht haben. Milena wird Monat um Monat jeden Morgen übermüdet zur Schule gehen.

Nach dem Tod ihrer Mutter, 1913, wird die 16-Jährige, die nur kurze Zeit trauert, ein radikal anderes Leben führen. Erlöst von den täglichen Pflichten am Krankenbett, zu denen sie der Vater immer wieder gezwungen hat, vorgeblich, um sie auf die Laufbahn einer Ärztin vorzubereiten, wird sie sich in wilder Rebellion gegen ihn wenden und versuchen, seine Macht zu brechen. Weitgehend sich selbst überlassen, wird sie sich mit gefälschten Unterschriften seines Kontos bedienen, sein Geld verschwenden, seine Kleider Bedürftigen schenken, ihm Medikamente für Selbstversuche entwenden, mit älteren Männern Liebesverhältnisse eingehen, kurz, sie wird das schädigen, worauf er am meisten Wert legt: seinen Ruf.

Willy Haas, bis ins hohe Alter ein Bewunderer Milenas, erinnert sich an das junge Mädchen: »Für sie war die Weltordnung nicht geschaffen. Sie durchbrach sie an jedem Tag, in jeder Minute. Sie nahm, was ihr gebührte, auch wenn das unter Bürgern Raub oder Diebstahl hieß, und gab mit beiden Händen. Für sie war nichts unmöglich: wen sie liebte, der konnte getrost weitermarschieren, was immer er brauchte, wurde beschafft.« Anteilnahme, Freude am Schenken, Freigebigkeit bis zur Selbstlosigkeit sind Milenas herausragende Eigenschaften und werden es, auch in Zeiten großer Armut und Not, bleiben.

Schließlich, nachdem Milena hohe Schulden gemacht hat, sieht sich Professor Jan Jesenský dazu gezwungen, eine Anzeige in die Zeitung setzen zu lassen, in der steht, dass er für seine Tochter keine Rechnung mehr begleichen wird. Mit dieser Maßnahme schützt er sich vor weiterem wirtschaftlichen Schaden, ist aber gleichzeitig öffentlich bloßgestellt. Milena scheint das nicht zu genügen: Sie zerstört auch seinen Lebenstraum, dass sie als seine Nachfolgerin einmal die Praxis übernehmen werde. Als musisch begabte Frau ist ihr das Sezieren von Leichenteilen zuwider. Nach wenigen Semestern bricht sie ihr Medizinstudium ab. Bis zu ihrem Abschied aus Prag kommt es fast täglich zu »schrecklichen Szenen« zwischen Vater und Tochter. Als Milena jedoch nach einer dilettantisch durchgeführten Abtreibung zu verbluten droht, rettet der Vater ihr das Leben. Den Kindsvater, Ernst Polak, hasst er umso mehr und versucht Milena für immer von ihm zu trennen. Verzweifelt greift er zu dem schlimmsten Mittel: Er lässt seine minderjährige Tochter in das Nerven-Sanatorium Veleslavín zwangseinweisen und denkt darüber nach, sie entmündigen zu lassen. Doch auch hier, in der geschlossenen Anstalt, in der sie von Juni 1917 bis März 1918 verbleibt, weiß sich Milena zu helfen; sie besticht eine Pflegerin und kann so, wann sie will, in dem Haus ein- und ausgehen und sich weiterhin mit Polak treffen. Am Ende resigniert Jan Jesenský, und Milena heiratet, nun volljährig, ihre große Liebe.

Später wird sie über ihre Erziehung sagen: »Da setzt man verantwortungslos Kinder in die Welt, nimmt sich kaum die Mühe, sie kennenzulernen, und wirft sie dann ins Leben. So, nun werde mit dir selbst fertig!«

2

Nach dem Zusammenbruch der Doppelmonarchie im November 1918 werden die finanziellen Verhältnisse für Milena in Wien noch prekärer. Sie versucht, kleinste

Summen zu erwirtschaften: sie gibt Sprachunterricht – einer ihrer Schüler ist der Schriftsteller Hermann Broch –, beginnt literarische Texte zu übersetzen, arbeitet an journalistischen Essays; und wenn alles nicht hilft, schleppt sie gegen Trinkgeld Koffer auf Wiens Bahnhöfen. Endlich, im Dezember 1919, gelingt es ihr, einen Artikel in der liberalen Prager Tageszeitung *Tribuna* gegen Honorar zu veröffentlichen, dem bald im wöchentlichen Rhythmus weitere folgen.

Sie schreibt kleine Feuilletons über Freundschaft, Melancholie und Mode. In dem noch heute lesenswertem Essay *Der Teufel am Herd* reflektiert sie über die Bedingungen des Zusammenlebens und kommt zu dem Schluss, dass der ausschließliche Wunsch nach Glück Beziehungen zerstöre. »Des Glücks wegen zu heiraten ist ebenso gewinnsüchtig wie wegen zweier Millionen, wegen eines Autos oder einer Baronie.« Später werden ihre Essays politischer, sozialkritischer. In den Reportagen *Gestrandete Menschen* schildert sie die Ankunft deutscher, vor dem Nationalsozialismus geflüchteter Emigranten in Prag. So verschieden ihre Themen sind, so erkennbar ihre Handschrift: immer überzeugt ihr eigenständiger Blick.

Auch die Übersetzungsarbeit an der Erzählung *Der Heizer* von Franz Kafka schreitet voran. Persönlich kennengelernt hat sie den Schriftsteller im Herbst 1919 anlässlich eines Besuches in Prag – seine Texte aber gehören schon länger zu ihrer Lektüre. Über einen Kaffeehaustisch gebeugt, macht sie sich mit ihm bekannt und unterbreitet ihm ihren Plan, seine Erzählungen ins Tschechische zu übersetzen. Kafka geht in der ihm eigenen Höflichkeit auf dieses Vorhaben ein, obwohl ihm Milenas

Deutsch noch recht unzulänglich erscheint. Denn er ist angetan von der jungen Frau, die er seinem besten Freund Max Brod im Mai 1920 so anpreist: »Sie ist ein lebendiges Feuer, wie ich es noch nie gesehen habe, ein Feuer übrigens, das trotz allem nur für ihn brennt. Dabei äußerst zart, mutig, klug und alles wirft sie in das Opfer hinein oder hat es, wenn man will, durch das Opfer erworben.«

Milena und Ernst Polak leben zu der Zeit, nun auch für Außenstehende sichtbar, in einer »sich allmählich auflösenden Ehe«, wie Polaks Freund Willy Haas feststellt. Zwar hält Milena noch bis 1923 an ihrem Mann fest, leidet aber immer stärker unter ihm. Besonders kränkend für sie ist, dass ihr Mann von ihrer journalistischen Arbeit nichts hält. Als sie es einmal wagt, ihm einen Artikel von sich zu zeigen, lacht er sie aus. Als würden sich die Qualen ihrer Jugend wiederholen, sucht sie in den letzten Ehejahren Trost im Drogenrausch und versucht sogar sich umzubringen.

Kafka, der das Unglück der jungen Frau ahnt, nimmt die Übersetzungen seiner Texte zum Anlass, ihr zu schreiben. Es beginnt ein intensiver Briefwechsel von April bis November 1920, in dem er – nur seine etwa 140 Briefe sind erhalten –, eine Zeit lang so liebenswürdig, feinfühlig und klug agiert, dass sich Milena durch seine Worte in tiefster Weise verstanden und getröstet fühlt. Vor ihm kann die Stolze sogar das Hauptübel ihrer Ehe ansprechen, in der sie »immer die Gebende« ist, »diejenige, die zahlt«.

Umgekehrt fühlt sich Kafka von Milena verstanden und getröstet, weil sie sich mit ihrer ganzen Kraft für sein Werk einsetzt, ihn als Dichter schätzt. In der sich über fünf Jahre hinziehenden Werbezeit um die Verlobte Felice Bauer fehlte Kafka gerade das: die Anerkennung als Dichter. Weder konnte noch wollte »seine Braut« sich zu seinem ersten Erzählungsband *Betrachtung*, der 1913 herauskam, äußern. Stattdessen schwärmte sie von anderen Autoren, von ihren Leseerlebnissen und Theaterbesuchen in Berlin. Ihr Unvermögen, seine literarischen Werke zu begreifen, zog zwischen ihm und ihr eine scharfe Trennlinie. Mit einer Frau, die ihn nicht als Dichter anerkannte, wollte sich Kafka nicht verbinden. Milenas Mühen um die Übersetzung seiner Erzählungen sind hingegen für ihn der Beweis, dass sie die Richtige ist: Eine solche Frau hat er sich immer gewünscht.

Kafka ist mit Milenas Übersetzung sehr zufrieden. Selbstkritisch bis an die Grenze des Krankhaften, kann er bei ihr, die er beginnt leidenschaftlich zu lieben, vieles tolerieren. Gerade, dass sie ein ganz anderer Mensch ist als er, zieht ihn an. Der ewige Zweifler ist wie berauscht von Milenas Vitalität und Spontaneität. Obwohl seine Kenntnisse des Tschechischen begrenzt sind, fordert er sie auf, ihm in ihrer Sprache zu schreiben, »weil doch nur dort die ganze Milena ist (die Übersetzung bestätigt es).« Ja, er bekennt: »Ich habe niemals unter deutschem Volk gelebt, Deutsch ist meine Muttersprache und deshalb mir natürlich, aber das Tschechische ist mir viel herzlicher.« Er bittet sie nachdrücklich, auch ihre journalistischen Arbeiten zu schicken, er möchte alles von ihr lesen.

Kafka, der selbst in geordneten finanziellen Verhältnissen lebt, macht sich bald Sorgen wegen Milenas Armut. Er denkt daran, ihr Geld zukommen zu lassen. Dieses Ansinnen weist sie zurück – später, als mittellose Mutter einer Tochter, wird sie regelrechte Bittbriefe an Freundinnen schreiben, aber jetzt genügt ihr Kafkas Anteilnahme an ihrem Alltagsleben. Jetzt machen sie solche Sätze glücklich: »Dass man Sie aber ein wenig behüten muss, muss doch jeder einsehen, der Sie lieb hat, da muss doch alles andere schweigen.«

In dem achtmonatigen Briefwechsel geht es nicht nur um Literatur und Liebe, sondern um vielerlei andere Dinge. Man tauscht sich über Krankheiten aus, Milenas Lunge ist angegriffen und Kafkas chronisches Lungenleiden, die Tuberkulose, bereits diagnostiziert. Seinen Körper unterzieht er schon lange einer ständigen Beobachtung; Krankheiten anderer sind für ihn hochinteressant, besonders, wenn er aus ihnen Erkenntnisse ziehen kann. Als begeisterter Leser Flauberts kann sein Blick auf andere auch kalt und sezierend sein. Bei Milena ist er aber voller Anteilnahme, sogar Mitleid.

Noch stärker als durch das Lungenleiden ist Kafkas Alltag von seinen Schlafstörungen bestimmt, unter denen er sein ganzes Leben leidet. Fast in jedem Brief an Felice und in vielen an Milena sind Klagen darüber zu lesen. Kafka nennt sich selbst einen »schlaflosen Menschen«. Schon in einem der ersten Briefe schreibt er: »Wenn Sie auch nur eine Minute Ihres Schlafes für Übersetzungsarbeit verwenden, so ist es so, wie wenn Sie mich verfluchen würden.« Die Fürsorge aus der Ferne hat etwas Heilsames für Milena, wie gerne hätte sie solche Worte von ihrem Vater gehört.

Während die Briefe an Felice aus Klagen und Selbstanklagen bestanden, sind die an Milena voller Leben, Empathie und neuer Einfälle, als sei ihr »lebendiges

Feuer« auf Kafka übergesprungen. In ihnen finden sich kleine poetische Erzählungen, hintersinnige Aphorismen, spöttische Selbstbetrachtungen von großer Schönheit. Aus Meran, wo Kafka sich einer Kur unterzieht, ihm aber das Schlafen nicht glücken will, schreibt er: »Wenn der Schlaf also in der Nacht an mir vorübergeht, kenne ich seinen Weg und nehme es hin. Es wäre übrigens auch sonst dumm sich aufzulehnen, der Schlaf ist das unschuldigste Wesen und der schlaflose Mensch das schuldigste.«

Das, was Milena und Kafka jedoch im Tiefsten verbindet, ist ihre Abscheu vor Gewalt, ihr Misstrauen gegenüber jeder Macht. Der Kampf gegen den Vater ist bei Milena wie auch bei Kafka im Grunde nie etwas anderes als ein Kampf gegen Übermacht. Milena beklagt sich bei Kafka mehr als ein Mal über den Charakter ihres Vaters, der meint, alle Welt müsse sich ihm unterwerfen. Kafka wiederum erwägt, ihr als erster Leserin seinen Ende 1919 verfassten *Brief an den Vater* zu übergeben, der auf 103 handbeschriebenen Bögen mit dem Vater abrechnet.

Der *Brief an den Vater* ist ein seltenes Zeugnis literarischer Ambivalenz. Zuerst einmal ist er von Kafka als ganz persönliche, intime Auseinandersetzung mit dem Vater gedacht. Doch dann zögert der Sohn, ihn abzuschicken. Stattdessen lässt er den Brief, der alle Merkmale eines literarischen Textes aufweist – er ist ausgefeilt, rhetorisch und anschaulich übertreibend –, von einer Stenotypistin abschreiben, wie er das sonst ausschließlich tut, wenn er einen Text veröffentlichen will. Als Kafka sich im Sommer 1920 entschließt, ihn Milena zur Lektüre und zur Verwahrung anzuvertrauen, hat er für sie, zum besseren Verständnis, zwischen die Zeilen mit Bleistift Erläuterungen eingefügt. Milena scheint aber das Konvolut nicht erhalten zu haben. Nach Kafkas Tod wird Max Brod den Nachlass seines Freundes verwalten und den Brief Anfang der Fünfzigerjahre in die Werkausgabe Kafkas aufnehmen.

Auffällig ist, dass Kafka Milenas Kritik an ihrem Vater für übertrieben hält. Kafka, der Sparsame, bringt sogar ein gewisses Verständnis für Jan Jesenský auf, der sich weigert, seiner Tochter zusätzlich zu der von ihm nachträglich eingerichteten kleinen Rente weiteres Geld nach Wien zu schicken. Dem eigenen Vater jedoch, den er zu Unrecht als rücksichtslosen Tyrannen darstellt, verweigert Kafka jedes Verständnis.

Typisch für die Zeit sind autoritäre, bevormundende Väter und als Gegenstück sich unterwerfende Mütter. Zwar fühlen sich Milena und Kafka von ihren Müttern geliebt, aber diese Liebe scheint ihnen weniger wichtig zu sein als die der Väter. Das trifft besonders auf ihn zu. Schon als Fünfjähriger nimmt Franz den Blick seines Vaters wahr, der zweifelt, ob der einzige Sohn seinen Vorstellungen vom Stammhalter der Familie genügen kann. Diesen zweifelnden Blick hat Kafka immer gespürt und mit ihm auch sich selbst gesehen.

Gleichsam ein Seismograf zwischenmenschlicher Beziehungen, erahnt Kafka, dass zwischen ihm und seinem Vater sehr früh ein Kampf stattgefunden haben muss, und weiter, »dass ich als kleines Kind vom V. besiegt worden bin.« Im November 1921, seine Liebe zu Milena hat sich längst in vergifteten Selbstzweifel verwandelt, trägt Kafka diesen Aphorismus, der eine für ihn typische

Logik verfolgt, in sein Tagebuch ein. »Unentrinnbare Verpflichtung zur Selbstbeobachtung: Werde ich von jemandem anderen beobachtet, muss ich mich natürlich auch beobachten, werde ich von niemandem sonst beobachtet, muss ich mich umso genauer beobachten.«

Obwohl Kafka Milena liebt, will er nicht begreifen, wie ähnlich ihr Kummer dem seinen ist. Zwar hat Jan Jesenský seine Tochter geliebt, vergöttert, verstoßen und wieder geliebt. Doch als der ersehnte Stammhalter, Jan, drei Jahre nach Milena zur Welt kommt und binnen weniger Monate stirbt, nimmt der Vater seine kleine Tochter noch unerbittlicher in die Pflicht; sie soll ihm den Sohn ersetzen. »Ich bin, dank dem Vater, extrem abgehärtet«, lässt Milena halb ironisch verlauten. Eine Selbstertüchtigung von männlichem Maßstab wird ihr auferlegt; Milena entwickelt sich zu einer glänzenden Sportlerin.

Während des Studiums zwingt der Vater sie, ihm bei Behandlungen von Soldaten zu assistieren, die mit schweren Gesichtsverletzungen aus dem Ersten Weltkrieg zurückgekommen sind. Durch ihren Anblick will Jesenský seine Tochter abhärten, sie auf ihren späteren Beruf vorbereiten. Einmal, kurz vor Weihnachten, ist er mit seiner Arbeit höchst zufrieden: Es ist ihm gelungen, einem jungen Mann große Teile seines zerschossenen Unterkiefers zu ersetzen. Der Arzt glaubt ihn guten Gewissens entlassen zu können. Allerdings muss der Speichel des »Geheilten« in einem Gummibeutel aufgefangen werden, der am Hals befestigt ist. Einige Tage später erhält Jesenský von den Eltern des Patienten die Nachricht, dass sich ihr Sohn am Heiligabend erschossen habe. Dieses Drama bestärkt Milena in ihrem Beschluss, ihr Studium abzubrechen. Im Gegensatz zu Kafka hat sie sich beizeiten gegen ihren Vater gewehrt.

3

Im Alltagsleben stellen sich Milena und Kafka völlig verschieden zur Macht: Er, der Unpolitische, versucht sich zu entziehen, auszuweichen, sobald er meint, vereinnahmt zu werden – ähnlich reagieren auch die meisten seiner Protagonisten. Sie, die Unbeugsame, wird sich immer engagierter gegen die Mächtigen stellen und dafür mit dem Leben bezahlen.

Kafka ist oft regelrecht verzweifelt über seine Mutlosigkeit – besonders in Liebesdingen. Bis ins Kleinste legt er Zeugnis ab von seinen zwiespältigen Gefühlen und Gedanken. Aber einer Sache ist er sich ganz sicher, »dass das Schreiben die ergiebigste Richtung meines Wesens« ist. Und er weiß, für wen er in seinen Erzählungen und Romanen Partei ergreifen will: für die Machtlosen, für die Gedemütigten. In seinen Tierparabeln wendet er sich den ganz kleinen Tiere zu: der Maus, dem Maulwurf, der Ratte, dem Käfer. Die Kleinsten interessieren ihn: ihr Lebenskampf, der dem des Menschen so verwandt ist. In einer winzigen Tierskizze, die er an Max Brod schickt, zeichnet er ein Sinnbild des Lebens: »Wir durchwühlen uns wie ein Maulwurf und kommen ganz geschwärzt und sammethaarig aus unsern verschütteten Sandgewölben, unsere armen roten Füßchen für zartes Mitleid emporgestreckt.«

In Kafkas berühmtester Erzählung *Die Verwandlung*

findet sich der Handlungsreisende Gregor Samsa eines morgens »in seinem Bett zu einem ungeheueren Ungeziefer verwandelt«. Im weiteren Verlauf der Geschichte werden die täglichen Demütigungen durch die Familie gezeigt, die der Wehrlose erdulden muss bis zu seinem qualvollen Tod. *Die Verwandlung* gehört zur fantastischen Literatur, sie ist der unerhörten Fantasie des Autors entsprungen, die kein Klischee kennt, aber gleichzeitig ist sie ein Welttext, der von allen Menschen verstanden wird. Denn Kafka beschreibt minutiös die Lebenswirklichkeit eines Menschen, der auf die Hilfe anderer angewiesen ist und dem sie verweigert wird. Eine Erfahrung also, die jede Kreatur, ob Mensch oder Tier, im Laufe ihres Lebens macht. In dieser Erzählung vergrößert Kafka den Käfer wie unter einer Sezierlupe, er zeigt ihn groß, eben so groß, wie sein Unglück ist.

Auch Kinder kommen in Kafkas Erzählungen vor. Ihnen nähert er sich mit außerordentlicher Sensibilität und richtet einen Blick auf sie, den man fast weiblich nennen könnte, dem Rilkes ähnlich. Einmal schildert er Milena eine Szene aus seiner Kindheit, in der sich seine drei jüngeren Schwestern im Spiel gegen ihn verschworen haben: »Wenn eine solche kleine Vierjährige«, seine Lieblingsschwester Ottla, »die zu nichts da zu sein scheint, als sie zu küssen und an sich zu drücken, dabei stark wie ein kleiner Bär, noch ein wenig bauchig aus den alten Säuglingszeiten her, gegen einen losgeht und die zwei Schwestern helfen ihr, dann ist es fast zuende und es ist kaum möglich zu beschreiben, wie man doch gerettet wurde.«

Es ist kein Zufall, dass Milena sich aus den bis dahin erschienenen Texten Kafkas gerade den *Heizer* aussucht

und übersetzt. Denn auch in dieser Geschichte geht es um Macht und Ohnmacht. Karl Roßmann, ein junger Mann, gerät ins Unglück, er wird gezwungen, nach Amerika auszuwandern. Auf dem Schiff setzt er sich für einen Heizer ein, dem man Unrecht getan hat. Bei der Anhörung erkennt der Senator, der sich unter den hochstehenden Herren im Büro des Kapitäns befindet, in Karl Roßmann seinen Neffen. Um ihm eine glänzende Zukunft in Amerika zu ermöglichen, nimmt der Senator ihn mit sich. Dem jungen Mann aber fällt es schwer, die Sache des Heizers nicht zu einem guten Ende bringen zu können. Als er sich dem Onkel anschließt und das Schiff verlässt, glaubt er nicht, dass sein Verwandter »ihm jemals den Heizer werde ersetzen können«.

Karl Roßmann, der plötzlich Verstoßene, wird durch eine unverhofft glückliche Wendung des Schicksals erhöht. Aufgrund seiner früheren Erfahrung der Erniedrigung weiß er aber, wie unverdient, zweifelhaft und kurzfristig ein solcher Aufstieg in Wahrheit ist. Das Unglück des Heizers erscheint ihm dagegen verlässlich, weil es von Dauer ist. Als Roßmann sich vom Heizer trennt, spürt er, dass er nicht den Glücklichen, sondern vielmehr den Unglücklichen angehört.

Milenas Übersetzung von *Der Heizer* erscheint am 22. April 1920 in der Prager Literaturzeitschrift *Kmen*. Kafka erhält sein Exemplar zwei Wochen später in Meran und dankt seiner ersten Übersetzerin: »Im Übrigen aber ist es mir unbegreiflich, dass Sie diese große Mühe auf sich genommen haben, und tief rührend, mit welcher Treue Sie es getan haben.« Einige Zeilen später verurteilt Kafka den *Heizer* als eine »abgründig schlechte Geschichte«. Milena ist erschrocken über diese Art des Selbstverrats, den sie nicht kennt. Sie weiß nicht, wie zweideutig Kafka oft agiert, der noch am selben Tag seiner Schwester Ottla per Postkarte den Auftrag gibt, 20 Exemplare der Zeitschrift *Kmen* zu kaufen. Milena, immer mehr gebannt von Kafkas Art zu schreiben, übersetzt im Laufe desselben Jahres noch *Unglücklichsein*, sechs kurze Prosastücke aus *Betrachtung* und *Ein Bericht für eine Akademie* und im Dezember 1922 *Das Urteil*.

Am 6. Juli 1924 erscheint ihr Nachruf auf Kafka in der auflagenstärksten Tageszeitung *Národní listy*. »Alle seine Bücher schildern das Grauen geheimnisvollen Unverständnisses, unverschuldeter Schuld unter den Menschen«, schreibt sie in ihrem Nachruf. Tatsächlich scheint in Kafkas Erzählungen alles wie aus dem Nichts zu beginnen und meist in Niederlagen zu enden. Der Irrtum spielt eine große Rolle, durch den sich das Schicksal des Protagonisten unvorhergesehen zum Glückhaften wenden kann, sich aber plötzlich auch in das Gegenteil verkehren. Scharfe Wendungen, die keiner Logik folgen, bemächtigen sich der Figuren und beunruhigen den Leser. Ebenso beunruhigend sind Kafkas Einfälle: ein »Hungerkünstler«, der sich freiwillig in einen Käfig einsperren lässt, vor einem erst begeisterten, dann gelangweilten Publikum »Schauhungern« betreibt und am Ende unbeachtet verhungert; ein Handlungsreisender, der in der Gestalt eines Käfers aufwacht; ein Fleischer, der sich die Mühe des Schlachtens ersparen will und hungrigen Nomaden einen lebenden Ochsen überlässt, die »mit den Zähnen Stücke aus seinem warmen Fleisch« reißen; eine Maschine, die dem Verurteilten »das Gebot, das er übertreten hat, mit der Egge auf den Leib« schreibt und ihn bei dem Vorgang tötet. Solche Lektüre prägt sich ein, ob man sie schätzt oder nicht.

Trotz seiner Intelligenz und Sensibilität, seines Einfühlungsvermögens und seiner Fantasie ist Kafkas Persönlichkeit von einem Mangel gezeichnet: Er kann nicht verdrängen. Er kann nicht vergessen, wie das jeder Mensch tun muss, um sein seelisches Gleichgewicht zu bewahren. Dazu bemerkt er in seinem Tagebuch: »Alles ist ihm erlaubt, nur das Sich-Vergessen nicht.« Weder kann er die Erinnerung an Verletzungen durch andere noch an die Schuld, die er meint, auf sich geladen zu haben, aus seinem Gedächtnis verbannen. Ununterbrochen ist er mit sich und seinen Gedanken beschäftigt, mit meist negativen Affekten. Seine Welt verengt sich auf das Unmittelbare, das Nächste – Politik und Zeitgeschichte liegen außerhalb seiner Wahrnehmung. Durch sein Unvermögen, seine Beschränkung, konzentriert sich sein Blick auf einen Punkt hin, gewinnen seine Texte eine unglaubliche Nähe zum Gegenstand; das macht sie unverwechselbar.

Kafka kann nicht schlafen: »Ich bin ein lebendig gewordenes Gedächtnis, daher auch die Schlaflosigkeit.« Als sei er ohne Augenlider zur Welt gekommen, muss er alles sehen und bedenken. Die seltenen tief durchschlafenen Nächte zählt er seinen Freunden auf, zählt sogar die Stunden seines Schlafs: meistens nur vier. Kafka zwingt sich zum Schlaf, doch die abgerungenen Schlafstunden sind fadenscheinig, Gedanken und Träume, vor allem Alpträume scheinen hindurch. Alpträume, aufgestiegen aus dem »krampfhaft kurzen Schlaf«, wie er ihn nennt, bestimmen das Lebensgefühl seiner Tage und werden während des nächtlichen Schreibens zur Grundierung seiner Texte. Das Nebeneinander von fantastischen und realistischen Motiven, Wesenszug allen Träumens, schleicht sich in seine Texte und macht sich breit. Milan Kundera glaubt, dass gerade »die Verschmelzung von Traum und Wirklichkeit« Merkmal Kafkas schöpferischer Fantasie ist.

Seinen Freund Max Brod weiht er in die Abgründe seiner Arbeit ein: »Das Schreiben ist ein süßer wunderbarer Lohn, aber wofür?« In der Nacht werde ihm klar, »dass es der Lohn für Teufelsdienst ist«. Er spricht von einem »Hinabgehen zu den dunklen Mächten« und von dem, »was alles noch unten vor sich gehen mag«. Kafka erwägt, ob es auch anderes Schreiben gibt, aber er »kenne nur dieses: in der Nacht, wenn mich die Angst nicht schlafen lässt, kenne ich nur dieses.«

Man könnte meinen, dass ein Schreiben, das solche Texte hervorbringt, nur von Sonderlingen und Literaturwissenschaftlern wahrgenommen wird. Das Gegenteil ist der Fall: Es gibt kein Werk, das eine so große Rezeption hervorgerufen hat, keinen Autor, für den sich die Leser so interessiert haben – bis heute. Ein einziger Tag mag genügen, um Kafkas Werk zu lesen, das zu seinen Lebzeiten veröffentlicht worden ist; aber ein einziges Leben reicht nicht aus, um alle Bücher zu lesen, die über Kafka geschrieben worden sind oder sich auf ihn beziehen.

Dass sich Kafkas schmales Werk, gedruckt nur in kleinsten Auflagen, so weit verbreitet hat, liegt zum einen daran, dass es in eigentümlicher Art jeden Menschen angeht und immer wieder aufs Neue erstaunt. Zum anderen liegt es an Max Brod, dem Freund und Bewunderer des

Autors Kafka, der ihn immer wieder gedrängt hat, seine Texte zu veröffentlichen. Dann an Menschen wie Milena, die es übersetzt und damit in einen anderen Sprachraum gebracht haben. Sie ist die Erste, die Pionierin, die Kafkas Werk weiterträgt und durch ihren Nachruf den Autor einer größeren Öffentlichkeit vorstellt.

Glück hat Kafkas Werk paradoxerweise auch durch widrige Zeitumstände: gerade Autoren in Europa, unter der Herrschaft der Nationalsozialisten, müssen emigrieren und bringen das geschätzte Werk in andere Länder. Die gebürtige deutsche Jüdin Hannah Arendt hat im New Yorker Exil die Tagebücher von Kafka herausgebracht und die Amerikaner mit dem Autor erst bekannt gemacht; umgekehrt hat Arendt ihren deutschen Freunden, wie dem Existenzphilosophen Karl Jaspers und seiner jüdischen Frau, Kafkas Werk ins Nachkriegsdeutschland nach Heidelberg geschickt, wo es ebenfalls unbekannt war. Zu denen, die Kafkas Werk verbreitet haben, gehören so berühmte Schriftsteller wie Wystan Hugh Auden in England, Jorge Luis Borges in Lateinamerika, Albert Camus in Frankreich und Thomas Mann in den USA.

4

»Kann ich noch bis Sonntag einen Brief bekommen?«, fragt Kafka Milena am 29. Mai 1920, die ihm täglich zwei oder drei Mal schreibt. »Aber«, reflektiert er, »es ist unsinnig, diese Lust an Briefen. Genügt nicht ein einziger, genügt nicht ein Wissen? Gewiss genügt es, aber trotzdem lehnt man sich weit zurück und trinkt die Briefe und weiß nichts, als dass man nicht aufhören will zu trinken.« Kafka, der Unsinnliche, der weder Fleisch noch Kaffee oder Alkohol zu sich nimmt, spricht wie ein Trinker, der sich an Briefen berauscht.

Für ihn ist die schriftliche Art der Kommunikation die ideale, seit er weiß, »dass man Mädchen mit der Schrift binden kann«. Dieses Erfahrung hatte er 1912 gemacht, als er während seines Aufenthalts in Weimar um ein Mädchen warb, dem er »gleichgültig wie ein Topf« war, das aber dessen ungeachtet schriftlich auf seine Post antwortete. Auf diese Weise umwarb er auch Felice Bauer, der er in fünf Jahren fast siebenhundert Briefe zukommen ließ. Ebenso bindet er Milena »mit der Schrift«. Ihm scheinen »geschriebene Küsse« auszureichen, sie wünscht sich aber nichts sehnlicher, als endlich sein »ehrliches, männliches Gesicht« vor sich zu haben und seine »ruhigen Augen, die einen so direkt anschauen«.

Sie glaubt durch Briefe und Telegramme, die kurz aufeinander folgen, Kafkas Entschlüsse beeinflussen zu können. Aber ihr Drängen empfindet er als Bedrängung. Auch vor ihren schriftlichen Liebesbeteuerungen, die immer heftiger werden, schreckt Kafka zurück. Seine ganze Ambivalenz gegenüber ihrer weiblichen Vitalität, ihrer Leidenschaftlichkeit drückt sich in den Zeilen aus, die er ihr am 13. Juni 1920 aus Meran schreibt: »Du musst in solchen Briefen den großartigen Kopf der Medusa haben, so zucken die Schlangen des Schreckens um Deinen Kopf und um meinen allerdings noch wilder die Schlangen der Angst.«

Natürlich kann Milena diese Charakterisierung nicht

als Scherz auffassen, auch wenn Kafka ironisch bemerkt: »Aber Kindchen, Kindchen, Du nimmst ja alle meine dummen Späße ernst.« Von der Aufforderung, er möge nach Wien kommen, lässt sie trotzdem nicht ab. Noch weiß sie nicht, dass Kafka ein Meister der Wankelmütigkeit ist. Wunderbar selbstironisch beschreibt er sein Zaudern vor Reisen: »auch erhebe ich mich zu der Reise förmlich wie ein Volk, immerfort fehlt noch etwas hier und dort an Entschlusskraft, der und jener muss noch aufgemuntert werden, schließlich warten alle und können nicht fortreisen, weil ein Kind weint.«

Letztlich lässt Kafka sich auf das Vorhaben ein, und das Paar verbringt Ende Juni 1920, »als die Kastanien blühten«, vier glückliche Tage in Wien. Kafka, von Milenas Vitalität angesteckt, verliert seine Ängste; doch Glück, noch dazu sexuelles, bedeutet für ihn eine große Last. »Wenn man durch Glück umkommen kann, dann muss es mir geschehen«, schreibt er zurück in Prag. Wird er, fragt er sich, wieder imstande sein, Glück zu erleben, Milena glücklich zu machen? Er, der im Unglück beheimatet ist. Noch dazu muss er seine Verlobung mit Julia Wohryzek lösen, die er im Oktober 1918 bei einem Kurlaub in Schelesen kennengelernt hatte, und Milena davon überzeugen, ihren Mann zu verlassen. Kafka macht Pläne, jetzt ist er der Drängende: Milena soll nach Prag zurückkehren, das nötige Geld will er ihr zu Verfügung stellen. Aber von einem Zusammenleben, von Heirat, ist ausdrücklich nicht die Rede.

Sobald Kafka vielerlei Dinge bedenken und Entscheidungen treffen muss, kann er nicht mehr schlafen. Der Gedanke, ein kranker Mensch zu sein, dem eine glückliche Zukunft nicht zusteht, gewinnt in den durchwachten Nächten wieder Macht über ihn. Auch der Arzt bestätigt ihm, dass sein Zustand sich verschlechtert hat. Jetzt ist für ihn die Zeit gekommen, den Vater-Blick auf sich zu richten, jede Schwäche seines Wesens vor Milena aufzudecken, damit sie von ihm ablässt. Denn »ich gehöre eben in die stillste Stille, so ist es für mich richtig«. Die Kunst der Selbstherabsetzung beherrscht Kafka meisterhaft, er hat sich in ihr schon oft geübt.

Schließlich trifft man sich Mitte August 1920 für einen Tag auf halber Strecke zwischen Wien und Prag in Gmünd: Das Wiedersehen wird eine Enttäuschung. Danach fühlt sich Kafka endgültig dazu verpflichtet, sich selbst zu entzaubern: »weil nämlich der, von dem Du schreibst, nicht existiert und nicht existiert hat, der in Wien hat nicht existiert, der in Gmünd auch nicht, aber dieser letztere noch eher und er soll verflucht sein.«

Ende Dezember 1920, Kafka befindet sich in der Hohen Tatra zur Kur, spricht der Mann, der Macht verabscheut, ein Machtwort: »Nicht schreiben und verhindern, dass wir zusammenkommen, nur diese Bitte erfülle mir im Stillen, sie allein kann mir irgendein Weiterleben ermöglichen, alles andere zerstört weiter.« Milena fasst das Schreiben als »eine ganz tödliche Bitte« auf, die zugleich »ein Befehl« ist. Dieses Mal lehnt sie sich nicht gegen den Mann auf, der ihr Qualen bereitet. Verzweifelt wendet sie sich an Max Brod und will wissen, »ob es mit mir so steht, dass auch unter mir Frank [durch einen frühen Lesefehler nennt Milena Franz ›Frank‹] leidet und gelitten hat wie unter jeder anderen Frau, sodass seine Krankheit ärger wurde, sodass er auch vor mir in seine Angst fliehen musste und sodass auch ich jetzt verschwinden muss?«

Bei der leidenschaftlich begehrten Milena tiefe Selbstzweifel hinterlassend, beendet Kafka die Liebesbeziehung. Er schaltet sogar Max Brod ein, um ein zufälliges Wiedersehen mit ihr auf jeden Fall zu verhindern. Sich erklärend schreibt er an Brod: »Sie ist mir unerreichbar, damit muss ich mich abfinden, und meine Kräfte sind in einem Zustand, dass sie es jubelnd tun. So kommt zu dem Leid noch die Schande, es ist etwa so wie wenn Napoleon zu dem Dämon, der ihn nach Russland rief, gesagt hätte: ›Ich kann jetzt nicht, ich muss noch meine Abendmilch trinken‹.«

Zwar besucht Milena ihn in Prag später noch einige Male, aber sie kommt nicht mehr als Geliebte. Im Oktober 1921 übergibt Kafka ihr seine Tagebuchaufzeichnungen aus den Jahren 1910 bis 1920. Es gehen noch einige wenige Briefe hin und her, so auch dieser vom März 1922. Kafka, wieder zum Sie zurückgekehrt, schreibt: »Nun habe ich Ihnen schon so lange nicht geschrieben Frau Milena, und auch heute schreibe ich nur infolge eines Zufalls. Entschuldigen müsste ich mein Nichtschreiben eigentlich nicht, Sie wissen ja, wie ich Briefe hasse. Alles Unglück meines Lebens – womit ich nicht klagen, sondern eine allgemein belehrende Feststellung machen will – kommt, wenn man will von Briefen oder von der Möglichkeit des Briefeschreibens her. Menschen haben mich kaum jemals betrogen, aber Briefe immer und zwar auch hier nicht fremde, sondern meine eigenen.«

5

Kafka stirbt am 3. Juni 1924 mit 40 Jahren an Kehlkopftuberkulose in einem Sanatorium in Kierling bei Wien. Sein Freund Robert Klopstock und Dora Diamant, die Frau, mit der er zuletzt glücklich in Berlin zusammengelebt hat, sind in seiner Nähe. In einem Gleichnis hatte Kafka einmal vor Milena sein Leben lakonisch zusammengefasst: »Man ist eben als biblische Taube ausgeschickt worden, hat nichts Grünes gefunden und schlüpft nun wieder in die dunkle Arche.«

Milena verwahrt Kafkas Briefe von 1921 bis 1939, trotz vieler Umzüge bleiben sie fast vollständig erhalten. 1939, schon im Blick der Gestapo, übergibt sie das Konvolut Willy Haas, der es 1952 für Schocken Books in New York und in Lizenz für den S. Fischer Verlag in Frankfurt redigiert. Kafkas Tagebuchaufzeichnungen händigt sie Max Brod aus, der sie auf Deutsch 1951 ebenfalls bei Schocken Books herausbringt.

1924 trennt sich Milena von Ernst Polak und verlässt Wien. Eine Zeit lang lebt sie bei einer Freundin in Buchholz bei Dresden, bis sie 1926 endgültig nach Prag zurückkehrt. Dort schließt sie sich der Künstlergruppe Devětsil an und etabliert sich endgültig als Journalistin. In der Zeit lernt sie Jaromír Krejcar kennen, einen avantgardistischen Architekten, den sie 1927 heiratet. Im Jahr darauf kommt ihre Tochter Jana, genannt Honza, zur Welt. Nach der Geburt leidet Milena unter großen gesundheitlichen Problemen. Zurück bleibt eine Versteifung des rechten Knies. Sie verliert ihren Arbeitsplatz und wird aufgrund der starken Schmerzen morphiumsüchtig.

In dieser Zeit wendet sie sich dem Kommunismus zu, wird aber schon 1936 wegen kritischer Äußerungen aus der Partei ausgeschlossen. Einer Freundin gegenüber äußert sie sich so: »Die Menschen aus dem kommunistischen Apparat sind das schlimmste, was ich auf der Welt kenne, jeder, der selbstständig denken will – wird sofort beseitigt.« Auch die Ehe mit Jaromír Krejcar scheitert und wird 1934 geschieden.

In den folgenden Jahren kämpft Milena gegen ihre Sucht an: ein Kampf, den sie gewinnt. Vor der Besetzung der Tschechoslowakei schreibt sie viele sozialkritische Reportagen für die liberal-demokratische Kulturzeitschrift *Přítomnost*. Daneben entstehen Übersetzungen von Texten Kurt Landauers und Rosa Luxemburgs. Als sie von der Stigmatisierung der Juden erfährt, verkündet sie: »Wenn die Deutschen hier in Prag den Judenstern einführen, werde ich den Stern auch tragen.« Nach dem Einmarsch der deutschen Wehrmacht in den verbliebenen Rest der Tschechoslowakei im Jahre 1939 schließt sie sich dem tschechoslowakischen Widerstand an und betätigt sich als Fluchthelferin. So verhilft sie, neben vielen anderen, Ernst Polak und dem Journalisten Walter Tschuppig zur Ausreise.

Am 11. November 1939 wird Milena von der Gestapo verhaftet. Obwohl es aus Mangel an Beweisen zu einem Freispruch vor Gericht kommt, wird sie zur »Umerziehung« in das Konzentrationslager Ravensbrück deportiert. Dort lernt sie die Kommunistin Margarete Buber-Neumann kennen, befreundet sich mit ihr und nimmt ihr das Versprechen ab, ein Buch über ihr Leben und die gemeinsame Zeit in Ravensbrück zu schreiben.

Am 17. Mai 1944 stirbt Milena an den Folgen einer Nierenoperation, die im KZ durchgeführt wurde.

Nach dem Krieg berichteten Überlebende wie Margarete Buber-Neumann, dass Milena den Leidensgenossinnen in Ravensbrück Kraft durch ihren Lebensmut und ihre Anteilnahme gegeben habe und unter Lebensgefahr mehreren Frauen das Leben rettete, indem sie falsche Daten in die Karteien ihrer Krankenakten eintrug.

Die Gedenkstätte Yad Vashem ernannte Milena Jesenská 1994 zur »Gerechten unter den Völkern«.

Dieser Text ist Jürgen Born gewidmet als Dank für Gespräche über Milena und Kafka.

Geliebte und Romanfigur: Olga Iwinskaja und Boris Pasternak

In Liebe erwachen heißt nicht, in einer Welt von Lieblichkeit erwachen, sondern in der Welt heldenhaften Strebens, wo das Leben seine Ewigkeit durch den Tod gewinnt, und die Freude ihren Wert durch Leiden. Da die Wahrheit ihre überzeugendste Bestätigung durch die Liebe findet, muss diese sich durch alles offenbaren, was uns zu berauben droht. Die Armut fürchtet sich vor dem geringsten Verlust, aber der Reichtum ist verwegen in seinem Verschwenden. Liebe ist Reichtum der Seele, und daher offenbart sie sich durch höchsten Mut und Tapferkeit. Und weil sie aus sich selbst schöpft, bettelt sie nicht um das Lob der Menschen, und keine Verfolgung von außen kann sie erreichen.

Rabindranath Tagore

1

Zwei Tage nach der Beerdigung von Boris Pasternak, der am 30. Mai 1960 in seiner Datscha in Peredelkino an Lungenkrebs stirbt, stehen Mitarbeiter des Komitees für Staatssicherheit vor der Wohnungstür Olga Iwinskajas und verlangen Einlass. Die KGB-Männer interessieren sich für die nachgelassenen Schriften Pasternaks, besonders aber für das Theaterstück *Die blinde Schönheit,* an dem der Dichter bis kurz vor seinem Tod gearbeitet hat, ohne es beenden zu können. Als Iwinskaja sich weigert, das Original auszuhändigen, wird ihr gedroht, und schließlich gibt sie nach. Die Übergabe ist für sie wie ein Verrat an Pasternak. In ihrer Not wendet sie sich an den italienischen Verleger Giangiacomo Feltrinelli, der im November 1957 mit der Erstveröffentlichung von *Doktor Schiwago* weltweites Interesse an Pasternaks einzigem Roman geweckt hat. Feltrinelli ist beunruhigt, solange »nicht alle Briefe, Manuskripte und Notizen Pasternaks im Westen sind«, denn er weiß nur zu genau, warum der KGB der Schriften Pasternaks habhaft werden will.

Doch ein italienischer Verleger, selbst wenn er Kommunist ist, hat keinen Einfluss in einer so wichtigen Staatsangelegenheit. Feltrinelli kann weiter nichts für Olga tun, außer ihr die Tantiemen zukommen zu lassen, die der millionenfach verkaufte Roman abwirft, der innerhalb von zwei Jahren in 24 Sprachen übersetzt worden ist und besonders in Frankreich, England und Deutschland weiterhin begeisterte Leser findet. Da Olga überwacht, ihr Telefon abgehört wird, ist man über jeden ihrer Schritte informiert, auch über die geheime Geldübergabe. Am 16. August wird erst ihre kleine Datscha am Ismalkowo-See durchsucht, am nächsten Tag ihre Wohnung in Moskau. Alles wird beschlagnahmt: alle Schriftstücke und natürlich die persönlichen Briefe. Olga selbst wird festgenommen und in das Hauptquartier des KGB, in die Lubjanka, gebracht. Sie wird verhört und schließlich am 7. Dezember wegen illegalen Devisenhandels zu acht Jahren Zwangsarbeit verurteilt. Man unterstellt ihr, aus Geldgier Schmuggel mit dem westlichen Ausland betrieben zu haben. So kann man sie wie eine normale Kriminelle behandeln, denn in der kurzen ›Tauwetterperiode‹ unter Chruschtschow gibt es offiziell keine politischen Prozesse mehr in der Sowjetunion. Iwinskajas Argument, sie habe die Auslandshonorare für den Roman *Doktor Schiwago* nach Anweisungen Pasternaks angenommen und verwaltet, findet keinerlei Gehör vor Gericht.

Anfang Januar 1961 geht die ›Reise‹ von Moskau aus nach Sibirien in das »entsetzliche« Lager von Tajschet. Olga und ihre Tochter Irina, die man gleich mit verurteilt hat, fühlen sich während der Fahrt bedroht von den »normalen Kriminellen«, die zu jeder Gewalttat bereit scheinen. In der Zeit stärkster Fröste tragen die beiden Frauen die Sommerkleidung, in der man sie im August verhaftet hat – Gelegenheit, aus der Wohnung Habseligkeiten zu holen, wurde ihnen nicht gewährt. In Tajschet angekommen, erlebt Olga Ähnliches wie Doktor Schiwago auf seinem Leidensweg. Die Gefangenen müssen bei 25 Grad Frost in der Nacht einen Fußmarsch zurücklegen, um zu einem Stall zu gelangen, der ihnen Schutz bietet. Olga erinnert sich an diese Situation in ihrem Buch *Lara. Meine Zeit mit Pasternak*, das 1978 in Paris erscheint.

»Es war eine unbewegliche, silberne, mondhelle sibirische Nacht, junge sibirische Kiefern warfen blaue Schatten auf den Schnee. Zu beiden Seiten der Straße streckten riesige graue nördliche Föhren ihre Zweige aus, denen das geisterhafte Licht unwahrscheinliche Ausmaße verlieh. Wir gingen durch einen regelrechten Tajscher-Wald, unheimlich und gleichzeitig atemberaubend schön.«

Olga Iwinskaja hat nur das beschrieben, was ihr widerfahren ist: Auf der einen Seite ist sie als Verurteilte den Bolschewisten ausgeliefert, auf der anderen erlebt sie die Erhabenheit der Natur Russlands, die unabhängig vom Menschen existiert und weder Partei noch Diktatur kennt. Auf dem Weg ins Lager durchquert sie einen Raum, der sich der Kontrolle der Bolschewisten entzieht: die unglaubliche Weite Russlands, die Wildnis. In dieser Spannung – zwischen Erniedrigung des Menschen und eigenständiger Existenz – bewegen sich auch die Protagonisten in Pasternaks Werk. Die Polarität ist ein wiederkehrendes Stilmittel des Autors, das der Realität verpflichtet ist.

Olgas und Irinas zweite Reise geht nach Mordowien in das Lager Potjma, im dem von der Partei besonders verhasste politische Häftlinge interniert sind. Die beiden Frauen wissen nicht, dass sie zu einem Millionenheer von Zwangsarbeitern gehören, die dem kommunistischen Staat einen gewissen wirtschaftlichen Aufschwung bescheren. Bei extremen Temperaturen, in Sommern, »die nicht enden wollen«, bearbeiten die Frauen die steinharten Böden der umliegenden Felder. »Gnädige Frau Stadtpflanze! Hier heißt's ran an die Arbeit – wenn du was zu fressen haben willst!« Nicht nur die Arbeit, sondern auch die Peinigungen durch das Wachpersonal, das es gerade auf die Intelligenzia, »die Weißhändchen«, abgesehen hat, machen den Frauen das Leben schwer. Die »grauen, hemdartigen Kittel«, die sie während der Feldarbeit tragen müssen, sind aus imprägniertem Stoff, den sie Teufelshaut nennen, weil er luftundurchlässig ist.

»Der Schweiß fließt in Strömen, juckt quälend zwischen den Brüsten, lockt in Scharen Fliegen und Mücken an. Nirgends Schatten. Ich kann die schwere Hacke kaum noch halten. Die Stiefel aus Kunstleder – man gab mir aus Schikane Größe 44 statt 36 – kleben an der Erde. Es gibt keinen Gott. Es gibt keine Wunder.«

Für eigene Gedanken bleibt nur der Augenblick am Abend in der Baracke kurz vor dem Einschlafen. Olga weiß, was der eigentliche Grund für ihre Verurteilung ist: die Liebe und Treue zu dem »Volksfeind« Pasternak. Dass sie zu ihm gehalten hat, gegen alle Widrigkeiten, dafür will man sie bestrafen. Mit dem Mut und der Tapferkeit der Liebe hat sie die Bespitzelung durch den KGB überstanden, das Abhören ihres Telefons, Bedrohungen, Erpressungen und eine frühere Verurteilung zu fünf Jahren Lager, von denen sie drei erdulden musste.

Jetzt stellt sie sich den kleinen blauen Tisch in ihrer Datscha vor, an dem Pasternak und sie jeden Tag gesessen haben, die Welt um sich herum vergessend, während sie Goethe, Shakespeare und Tagore übersetzten.

»Besonders harmonisch war unsere Zusammenarbeit im Sommer 1956. Pasternak bereitete einen großen Auswahlband seiner Gedichte vor und arbeitete an einem autobiografischen Essay, der den Band einleiten sollte. Ich übersetzte an seiner statt Rabindranath Tagore. Wir brauchten Geld und verdienten es durch Arbeit, die wir liebten und die uns gut gelang.«

Als sie Pasternak die Übersetzung des Gedichts *Glockengeläut in der Ferne, ich höre es kaum …*, das Tagore kurz vor seinem Tod geschrieben hat, vorliest, bricht er in Tränen aus: »Das hat dir Gott eingegeben, Oljuscha!« Und er verändert nicht ein Wort an ihrer Übersetzung.

Wie hatten sie beide Tagore geliebt, seine Weisheiten versucht zu leben! Immer wieder waren sie auf Sätze gestoßen, die ihre Haltung dem Leben gegenüber gestärkt, die ihnen den Weg gewiesen hatten, nicht aufzugeben in finsteren Zeiten. 14 Jahre lang hat ihre Liebe gewährt, war größtes Glück und zugleich tiefster Verzweiflung unterworfen, nunmehr ist die Erinnerung an die gemeinsame Zeit das einzig Tröstliche in Olgas Leben.

2

Im Jahr 1946, im Herbst, das Wetter schon grau und verhangen, kommt Olga Iwinskaja gerade von einem Leseabend in der Bibliothek des Historischen Museums in Moskau. Sie ist erfüllt von der Atmosphäre des Abends, hingerissen von der Erscheinung und den Worten des Dichters Boris Pasternak. Obwohl er, zu ihrem Kummer, keine eigenen Gedichte vorgetragen, sondern nur aus seinen Shakespeare-Übersetzungen gelesen hat. Als ihre Mutter ihr um Mitternacht die Tür zur gemeinsamen Wohnung öffnet und ihr Vorhaltungen über ihre späte Heimkehr macht, herrscht Olga sie an: »Lass mich in Frieden. Ich habe eben mit Gott gesprochen!« In ihrem Zimmer, die Kinder schlafen, denkt sie an den 56-jährigen Mann, den sie seit ihrer Jugend aus der Ferne verehrt und der jetzt einen so großen Eindruck auf sie gemacht hat: Er hat eine »edel gebogene, aristokratische Nase« und »die Kinnpartie eines unbeugsamen Anführers«, seine Lippen haben die Farbe von »Kupfer«, die Augen sind »bernsteinhell« wie die eines Adlers. Ihre Bewunderung geht noch weiter: »All das verband sich mit weiblicher Eleganz: Ein fremder, afrikanischer Gott in europäischer

Kleidung, vielleicht jener Gott, dem Gumiljows tibetanische Priester opferten.«

Olga vergleicht Pasternak im Laufe des Kennenlernens häufig mit einem Gott. Der Vergleich zeigt ihre ungeheure Sehnsucht nach dem Hohen; sie wünscht, dass auch ihr Leben eine Wendung nehmen wird, in der nur das Schöne und Edle im Mittelpunkt stehen soll. Denn die Schicksalsschläge, die die 34-Jährige in der Vergangenheit hat hinnehmen müssen, lasten schwer auf ihr, und die Gegenwart besteht fast nur aus Kümmernissen, allein die Zukunft birgt Hoffnung.

Olga lebt mit ihren beiden Kindern, dem dreijährigen Dmitry und der siebenjährigen Irina, in einem Zimmer, ihre Mutter und deren Lebensgefährte in dem anderen der kleinen Zweizimmerwohnung in der Potapow-Gasse. Ihr erster Mann hat Selbstmord begangen, als sie ihn wegen des zweiten verlassen wollte, der zweite wiederum stirbt unter ungeklärten Umständen in einem Sanatorium. Es fehlt an Geld und an Lebensmitteln. In den beengten Wohnverhältnissen gibt es für sie keinen Augenblick der Intimität, alles liegt offen, dem argwöhnischen Blick der anderen ausgeliefert. Besonders belastet ist das Verhältnis zwischen Olga und ihrer Mutter, die erst 1945 aus einem Arbeitslager entlassen worden ist. Beide Frauen wissen, dass Olgas zweiter Mann seine Schwiegermutter denunziert hat, um sie loszuwerden. Denunziation ist eine Methode, die in Diktaturen nicht selten angewandt wird, um sich der Wohnung oder dem Vermögen einer unliebsamen Person zu bemächtigen.

Olga ist jung, doch ihr Leben ist festgezurrt, vielerlei Zwängen unterworfen. Dennoch sie ist voller Hoffnung, wie fast alle Menschen um sie herum, denen die Schrecken des Zweiten Weltkriegs noch allgegenwärtig sind. Jetzt erwarten sie für ihren Einsatz, der 13 Millionen Soldatinnen und Soldaten der Roten Armee und 14 Millionen Zivilisten das Leben gekostet hat, eine Belohnung. Sie hoffen auf eine mildere Haltung Stalins gegenüber Andersdenkenden, auf Begnadigung politischer Gefangener, auf bessere Arbeits- und Alltagsbedingungen und auf ein reiches kulturelles Leben. Es entstehen Lesezirkel, neue Literaturzeitschriften behaupten sich, junge Autoren werden verlegt, unter ihnen besonders die Lyriker. Die bolschewistische Führungsriege lässt den Literaturbetrieb gewähren, solange er nicht die Propaganda Stalins stört, die die tatsächliche Zahl der Kriegsopfer verschleiert, die Kriegsverbrechen der Roten Armee an deutschen Zivilisten verschweigt, den Überfall auf Polen, die Ermordung der polnischen Elite und die Verbrechen Stalins an der eigenen Bevölkerung. Scheinbar offen für neue Strömungen in der Literatur, herrscht doch eine totale Kontrolle über den Literaturbetrieb.

Neben der Freude an ihren Kindern lebt Olga für ihren Beruf: Sie arbeitet als Redakteurin für die Zeitschrift *Nowyi mir* (Neue Welt). Ihre Aufgabe ist es, aus der Flut der Manuskripte von jungen, meist noch unbekannten Autoren das auszuwählen, was ihr zur Veröffentlichung geeignet scheint. Sie hat einen kleinen Spielraum, etwas Macht und ist sich dieser bewusst; von ihren Kollegen als »lyrikbesessen« verspottet, versucht sie gerade die jungen Lyriker zu fördern. Jewgeni Jewtuschenko verdankt ihr den Beginn seiner Laufbahn als Lyriker, er wird später weltberühmt.

Es ist nicht nur das Lesen, nicht nur die Arbeit am Schreibtisch, die Olga die privaten Kümmernisse vergessen lassen, sondern der Kontakt zur geistigen Elite Moskaus. Die Schriftsteller bringen – da die Post unzuverlässig ist und die handgeschriebenen Kopien der Originale kostbar sind –, ihre Werke eigenhändig in die Redaktion. Und so passiert es, dass »dieser Gott nun an einem regnerischen Oktobertag in unserem burgunderroten Saal auf dem Teppichläufer« stand und »ausgerechnet mich anlächelte«.

Auch Boris Pasternak trägt ein Manuskript unter dem Arm. Nach vielen Jahren, in denen es ihm nicht gelungen ist, einen neuen Gedichtband zu veröffentlichen, spricht er nun mit dem Chefredakteur in der Redaktion von *Nowyi mir*, um ihn von der Qualität seiner Gedichte zu überzeugen. Pasternak ist kein Unbekannter. Sein Gedichtband *Meine Schwester – das Leben*, im Revolutionsjahr 1917 erschienen, hat einen neuen Ton in die russische Dichtung gebracht und war nicht nur vom Publikum und der Kritik, sondern auch vom wichtigsten Literaturpolitiker Ilja Ehrenburg überschwänglich gelobt worden. Auch die Gesamtausgabe von Pasternaks Gedichten war 1934 auf großes Interesse gestoßen.

Bei der ersten persönlichen Begegnung mit Olga Iwinskaja erkundigt sich Pasternak gleich, ob sie Bücher von ihm besitze; er sucht augenscheinlich nach einem Anlass, wiederkommen zu können. Am Ende spricht er über seine Arbeit: dass er kaum dazu komme, Gedichte zu schreiben, weil er mit Shakespeare- und Goetheübersetzungen beschäftigt sei. Er erwähnt auch – wie nebenbei – sein neuestes und wichtigstes Projekt. »Und dann, wissen Sie, arbeite ich an einem Roman. Was dabei herauskommen wird, weiß ich noch nicht. Ich möchte vom alten Moskau erzählen – davon wissen Sie nichts mehr –, und ich möchte über Kunst sprechen, wie ich sie auffasse, und ein paar Gedanken darüber formulieren«, so erinnert sich Olga.

Als Pasternak die Redaktion verlässt, wirft er ihr noch einen langen Blick zu: »Ich war im Innersten erschüttert von etwas Unbenennbarem, als der Blick meines Gottes mich durchdrang.« Allein im Büro, macht sie sich klar: »Der Magier, der mich verzaubert hatte, als ich 16 war, war leibhaftig in mein Leben getreten, er würde es in Zukunft bestimmen.« Tatsächlich bringt Pasternak am nächsten Tag einige seiner Bücher in die Redaktion, um sie ihr mit Widmung zu überreichen. In den nächsten Wochen werden die Telefonate zwischen ihnen regelmäßiger, bis Pasternak Olga schließlich jeden Abend nach Dienstschluss abholt und nach Hause begleitet.

Die Verbindung zu Pasternak ist ein unerwartetes Glück für Olga, die Liebe des berühmten Mannes, der bei Lesungen umschwärmt wird wie ein Popstar, bringt Glanz in ihr Leben. Als glanzvoll möchte sie nun auch vor den anderen erscheinen und erzählt von der Affäre mit dem verheirateten Mann. In einer Mischung aus Naivität und Berechnung kokettiert sie vor Kolleginnen und Freundinnen, selbst vor denen, die auch um die Gunst Pasternaks buhlen. Das ist nicht ungefährlich in einer Diktatur, nicht nur weil Scheidungen untersagt und Trennungen verpönt sind, sondern weil Boris Pasternak unter Beobachtung der Geheimpolizei steht. Seine häufigen Telefonate, die in das Büro von Olga durchgestellt und nach Ablehnung seines Manuskriptes weitergeführt werden, sind aufgefallen, die Anlage wird abgehört, das Liebespaar selbst beschattet, das sich nirgendwohin zurückziehen kann und aus diesem Grund lange Spaziergänge in der Stadt unternimmt.

3

Boris Pasternak ist 56 Jahre alt. Noch ist er nicht verhaftet, verhört, gefoltert, ins Gefängnis geworfen oder zur Zwangsarbeit in eines der berüchtigten Lager Stalins geschickt worden. Wie durch ein Wunder ist ihm das Schicksal anderer großer Autoren der Sowjetunion erspart geblieben, die in Lagern verschwunden, hingerichtet oder in den Selbstmord getrieben worden sind wie seine Freundin Marina Zwetajewa, seine Kollegen Sergej Jessenin, Wladimir Majakowski und Ossip Mandelstam. Trotzdem ist er dem KGB seit Jahrzehnten bekannt und suspekt. Zum Ersten: In seinem Pass steht das Kürzel für »Jude«. Jüdische Intellektuelle sind den Bolschewisten fast genauso verhasst wie den Nationalsozialisten. Zum Zweiten: Seine Eltern und seine Schwestern sind von einer Auslandsreise nicht zurückgekehrt, also müssen sie Gegner der Sowjetunion sein. Zum Dritten: Pasternak schreibt elitäre »trotzig individualistische« Gedichte, die von den Massen nicht verstanden werden, die demzufolge konterrevolutionär sind. Sie enthalten keinerlei Propaganda, das wird besonders verübelt, sogar von Kollegen.

Tatsächlich geht Boris Pasternak als Mensch und

Künstler seinen eigenen Weg, der nicht der seines Staates ist. Er hält sich nicht an die Weisung des ersten Schriftstellerkongresses, der 1934 allen Künstlern den »sozialistischen Realismus« verordnet. Wie Rainer Maria Rilke teilt er das Ideal der autonomen Kunst. Keinesfalls will er seinen individuellen Ausdruck aufgeben, der ihm das Wichtigste an seiner lyrischen Arbeit ist. Bis auf den einen Beileidsbrief zum Selbstmord von Stalins zweiter Frau, den er 1932 schreibt, kommen die großen Namen aus der Politik in Pasternaks Schriften – weder in den privaten noch den literarischen – nicht vor.

Als ältester Sohn wächst Boris in einer jüdischen Künstlerfamilie auf, sein Vater ist der Maler Leonid Pasternak, seine Mutter die Pianistin Rosalia Kaufmann. Im Elternhaus lernt er auch Leo Tolstoi kennen, für den der Vater als Illustrator arbeitet, ebenso die Dichter Émile Verhaeren und Rainer Maria Rilke. Boris Pasternaks Welt ist von Kindheitstagen an die Malerei, die Musik, die Literatur und im Jugendalter die Philosophie. Zusammen mit dem jüngeren Bruder Alexander spielt er als Kind »Vernissage«, zu der, wenn genügend »Gemälde« aus ihren ungeschickten Händen entstanden sind, alle Bewohner und Besucher des Hauses eingeladen werden. Ein anderes Lieblingsspiel ist »Verleger« und »Illustrator«. So entstehen die ersten kurzen Erzählungen Pasternaks.

Ein Leben in einer immer brutaler agierenden Diktatur, die den Einzelnen bis in die persönlichsten Angelegenheiten hin überwacht, ist für eine solche Familie unerträglich, auch wenn Leonid Pasternak ein Anhänger Lenins war. Er emigriert mit seiner Frau und den beiden Töchtern 1921 nach Deutschland, in der Hoffnung, dass die beiden Söhne folgen werden. Doch Boris kehrt nach Besuchen in der Stadt Marburg, in der er studiert hat, und Berlin wieder in sein geliebtes Heimatland zurück; er ist und bleibt ein Patriot. Aber er hält Abstand zur Partei, gibt im Laufe seines Lebens alle politischen Ämter auf und zieht sich immer mehr ins Privatleben zurück. Die bürgerliche Familie ist für die Bolschewisten die Keimzelle des Individualismus, das heißt: des Verrats am Sozialismus, sie muss mit allen Mittel bekämpft werden. Denn im Schutz der Familie ist der Bürger nicht mehr sichtbar für den Staat.

Da Pasternak und Olga ein Raum für Intimität fehlt, Olga zudem einen schlechten Leumund hat, ist der Dichter durch das Verhältnis in eine Lage gekommen, die ihn angreifbar macht. Er ahnt, dass der KGB die Frau, die er liebt, in die Enge treiben wird, um ihn einzuschüchtern mit dem Ziel, ihn ›auf Parteilinie‹ zu bringen. So rät er Olga schon bald, ihre Tätigkeit bei *Nowyi mir* aufzugeben, um sie vor weiteren Bespitzelungen zu bewahren. Ihren Verdienstausfall ersetzt er: Niemals kommt er zu ihr mit leeren Händen, er unterstützt die gesamte Familie und schließt Irina wie eine eigene Tochter in sein Herz.

Pasternak bringt Olga die »Grundprinzipien der Übersetzungstechnik« bei, stellt sie dann einer Mitarbeiterin des Staatsverlages vor, die Aufträge für Übersetzungen vergibt. »Nach und nach entwickelte sich eine regelrechte Partnerschaft. Wir nannten sie ›unseren Laden‹. Oft begann Boris mit einer Übersetzung, und ich führte sie zu Ende, damit er sich der Arbeit an seinem Roman widmen konnte. Und mit der Zeit verdiente ich recht ordentlich.« Auch bei dieser Arbeit sind wieder die freieren

Nachdichtungen Rilkes das Vorbild, dem Pasternak nachstrebt, nicht die wörtliche Übersetzung.

Zu Anfang der gemeinsamen Arbeit sind die Übersetzungen aus wirtschaftlichen Gründen immer mit dem Namen Pasternak gezeichnet, im Laufe der Fünfzigerjahre ändert sich das. »Im Band sieben der Tagore-Werke war das große Gedicht *Einsame Stimme*, das ich allein übersetzt hatte, Boris zugeschrieben worden. Er bestand auf einer Berichtigung.« Die Redlichkeit Pasternaks Olga gegenüber bestimmt die ganze Beziehung, die auf Hochachtung und Liebe gegründet ist. Die weibliche Kreativität auszubeuten, wie das Bertolt Brecht bei seinen Geliebten tat, wäre für Pasternak undenkbar gewesen. Für ihn wird Olga mehr und mehr zu seiner »rechten Hand«, wie er sie in seinem Gedicht *Der Nobelpreis* bezeichnet. Entzieht sie sich ihm, ist er am Rand der Verzweiflung. Ist sie ihm liebend dargeboten, beflügelt sie die Arbeit an seinem Roman, den Pasternak in seiner Autobiografie als »größte und wichtigste Arbeit« bezeichnet, »die einzige, deren ich mich nicht schäme«.

Krisen und kurze Entfremdungen belasten die Liebenden: Zum einen haben sie in den ersten Jahren ihrer Beziehung zu wenig Zeit und Privatsphäre, zum anderen ist Pasternak wie zerrissen zwischen dem Pflichtgefühl gegenüber seiner Frau Sinaida, mit der er einen Sohn hat, und der Sehnsucht nach Olga. Manchmal will er sich radikal von der Familie trennen, doch dann bringt er es nicht über das Herz. Aber die Liebe ist erfinderisch, und der geheime Wunsch Olgas geht in Erfüllung: sie wird schwanger. Ganz sicher ist sie sich noch nicht, sie hat noch niemanden etwas gesagt. Doch das Glücksgefühl ist wie ausgelöscht, als an einem grauen Tag Anfang Oktober 1949 Männer in langen Ledermänteln an die Tür klopfen. Gezielt durchsuchen sie ihr Zimmer, nehmen alles in die Hand, beschlagnahmen die Schriftstücke, Widmungsexemplare von Pasternak, Manuskripte und sogar Notizzettel. Am Ende führen sie Olga vor den Augen ihres kleinen Sohnes ab.

Im Gefängnis wird Olga »in erniedrigender Weise gefilzt«. Auch hier ist die Leibesvisitation, die Frauen an Frauen durchführen, besonders grausam – Mitgefühl und Solidarität gibt es nicht. Abends wird Olga in eine lichtlose Box gesperrt, in der sie drei Tage stehend oder sitzend verbringen muss. Dann kommt sie in eine Zelle mit 14 anderen Leidensgenossinnen, in der das Licht die ganze Nacht brennt. Tagsüber ist es verboten zu schlafen, Verhöre finden nur nachts statt, die Qual des Schlafentzugs triff alle Frauen hart, auch die junge Enkelin Trotzkis, die sich allein wegen ihres Familiennamens in der Zelle befindet.

Wochen vergehen, bis Olga zum Verhör gebracht wird. Schon bei der ersten Vernehmung stellt sich heraus, was man von ihr wissen will: eine ausführliche Inhaltsangabe des Romans *Doktor Schiwago*, der in einzelnen Kapiteln bereits in Moskau kursiert. Der schwangeren Frau wird unmissverständlich klar gemacht, dass ihr Schicksal, das ihrer Familie und das Pasternaks von ihrer Bereitschaft zur Kooperation abhängt.

In ihrer Angst macht Olga nun Nacht für Nacht konfuse Angaben, weicht aus, erklärt, verteidigt sich. Das geht über fünf Monate so, bis sie mit dem Versprechen, Boris Pasternak wiedersehen zu dürfen, in einen Leichenkeller eines Bezirksgefängnisses gebracht und hinter ihr die Türe verriegelt wird. Sie bricht zusammen und die Wehen setzen ein. Nach Stunden des Wartens auf einem »nassen, kalten Steinfußboden« wird sie in das Gefängniskrankenhaus gebracht. »Dort nahm man mir mein und Borjas Kind, ohne ihm die Chance zu geben, geboren zu werden.«

Ein Monat der Erholung im Krankenhaus wird Olga gewährt, dann gehen die nächtlichen Verhöre weiter, drängender und brutaler im Ton, als wolle man die verlorene Zeit nachholen. Gleichzeitig bestellt man Pasternak, um ihm alle Briefe und Bücher, die er bislang an die Inhaftierte geschickt hat, zurückzugeben. Pasternak jedoch bereitet sich darauf vor, sein Neugeborenes abzuholen, das er in seiner Familiendatscha in Peredelkino – gegen den Protest seiner Ehefrau – versorgen will. Als ihm nur das Papier ausgehändigt wird, glaubt er, man verweigere ihm sein Kind. Völlig verwirrt verlässt er das Gefängnis. Auf Rat einer Bekannten vernichtet er einen Teil der Briefe und schneidet die Widmungsseiten aus den Büchern.

4

Endlich kommt das schriftliche Urteil des Komitees für Staatssicherheit, das ohne Gerichtsverhandlung auf administrativem Weg gefällt wird: »Fünf Jahre gewöhnliches Straflager wegen enger Verbindung zu Personen, die unter Spionageverdacht stehen.« Eine perfide Logik steckt hinter dem Urteil: Pasternaks Familie war 1938 von Deutschland aus nach England gegangen, also muss

Pasternak ein englischer Spion sein. Mutmaßungen reichen in dieser Phase des realen Sozialismus völlig aus, um eine Existenz zu vernichten. Und die Menschen scheinen sich an die absurden Urteile gewöhnt zu haben, solange sie nicht selbst von ihnen betroffen sind. Spöttisch nennen sie fünf Jahre Lager ›eine Kinderportion‹, denn üblich sind zehn bis zwölf Jahre.

Pasternak setzt sich immer wieder mündlich und schriftlich für Olgas Freilassung ein, bietet sogar an, statt ihrer ins Gefängnis zu gehen. Gleichzeitig hält er den Kontakt zu Olgas Familie, die ohne Einkommen ist. Er hilft mit Geld und Lebensmitteln, bis er im Dezember 1952 einen schweren Herzinfarkt erleidet. Noch vom Krankenbett aus lässt er Olgas Familie 1000 Rubel von den Tantiemen seiner Übersetzungen zukommen, auch bedürftige Kollegen, denen Pasternak seine Hilfe zugesichert hat, werden mit Geld versorgt. Doch die Krankheit, und mehr noch die aufopfernde Pflege seiner Frau Sinaida, bestärken ihn darin, nach Olgas Lagerhaft die alte Liebesbeziehung nicht wieder aufzunehmen. In einem Brief an Olgas Mutter erklärt er sich: »Sinaida hat mich gerettet. Ihr schulde ich mein Leben.« Er bestellt sogar die 14-jährige Irina zu einem Gespräch, um ihr zu sagen, dass es mit Olga keine gemeinsame Zukunft mehr geben kann. Aber weder das Kind noch Olgas Mutter werden es wagen, der aus dem Lager Heimkehrenden die Wahrheit zu sagen.

Mit der Märzamnestie nach Stalins Tod im Frühjahr 1953 erhält Olga Iwinskaja ihre Freiheit zurück. Sie ist 41 Jahre alt, müde und verbraucht, sie ist als politische Gefangene nicht rehabilitiert, sondern nur amnestiert, so gehört sie nicht zu den privilegierten Opfern, die finanzielle Entschädigung erhalten oder eine lukrative Stelle angeboten bekommen. Für den Staat ist Olga einfach nur die Geliebte des Dichters Pasternak. Und sie selbst kann gar nicht anders – wie in den Zeiten der Haft –, als ihre ganze Hoffnung auf ihn zu richten und ihre Zukunft mit der seinen verknüpft zu sehen.

Die Freude des Wiedersehens hat ihre eigenen Gesetze und bricht mit allen moralischen Vorsätzen. Für Olga beginnt das Leben in Freiheit mit einer neuen, stärker empfundenen Liebe: »Wieder triumphierte die ›lebendige Magie‹ heißer Hände und das Fest zweier Menschen in den Bacchanalien der Welt. Wir waren beide von verzweifelter Zärtlichkeit besessen und entschlossen, für immer zusammen zu bleiben.« Doch beschwört Pasternak seine Geliebte, ihn nun nicht wieder zu bedrängen, er solle sich von seiner Frau trennen: »Lass es immer so bleiben wie jetzt, wir fliegen zueinander, ich brauche nichts anderes, als zu dir zu kommen! Alles andere ist unwichtig – wir brauchen nichts zu planen, nichts zu komplizieren, niemanden zu kränken.« Als Olga im Sommer 1954 ein zweites Mal schwanger wird, reagiert Pasternak gelassen: »Das alles ist so, wie es sein soll, rückt alles auf den richtigen Platz; die Lösung wird nun ganz von selbst kommen. Die Welt ist groß genug für uns und unser Kind.« Doch auch diese Schwangerschaft endet vorzeitig, dieses Mal mit einer Fehlgeburt.

Von Olgas Mutter nun geschätzt, von Olgas Kindern Irina und Dmitry geliebt, beginnt für Pasternak die Zeit der produktivsten Zusammenarbeit mit Olga. Die beiden hausen in zwei kleinen Zimmern einer Datscha, die Olga gemietet hat und die gut zu Fuß von der »großen Datscha« zu erreichen ist, in der Pasternak mit seiner Familie lebt. Zwischen der kleinen, die Olga mit bescheidenen Mitteln gemütlich eingerichtet hat, und der großen, in der Sinaida »herrscht«, liegt der Ismalkowo-See. Wie ein Sinnbild für die ganze Situation sind die Wege, die Pasternak täglich zwei Mal zurücklegt. Um von der Frau zur Geliebten zu kommen, muss er die lange Balkenbrücke des Sees überqueren. Wenn er vormittags auf der Brücke erscheint, ist Olgas Leben erfüllt. Am Abend schaut sie ihm lange nach, bis er in der Dunkelheit verschwindet. Zwar ist Olga daran gewöhnt, sich nachts von ihm zu trennen – Pasternak muss um 23 Uhr in der großen Datscha bei Sinaida sein –, trotzdem schmerzt sie der Verlust jedes Mal aufs Neue.

Im Jahr 1958 schreibt Pasternak seiner deutschen Brieffreundin Renate Schweizer über diese Zeit der Unwägbarkeiten einen sehr persönlichen Brief, der Aufschluss darüber gibt, wie gespalten seine Gefühle gegenüber seiner Ehefrau und seiner Geliebten sind. Unerträglich ist ihm der stumme Vorwurf seiner Familie, ihre leidenden Gesichter, die er wie »eine Aufnahme in seiner Brusttasche« mit sich herum zu tragen meint. So opfert er das Beste in seinem Leben und sagt sich von Olga los. Doch dann »wurde sie verhaftet und hat fünf Jahre in Gefängnissen und in einem Konzentrationslager verbracht. Man hat sie meinethalben festgenommen«, in der Absicht, sie als engste Vertraute, »mit Hilfe grausamer Verhöre«, dazu zu zwingen, »Angaben gegen mich« zu machen, um »mich nachher gerichtlich zu verderben. Ihrem Heldenmute und ihrer Ausdauer habe ich mein Leben zu verdanken

und dass ich in jenen Jahren unangetastet blieb. Sie ist die Lara des Werkes, das ich eben während dieser Frist zu schreiben angefangen habe.« Einige Zeilen später lässt er Renate wissen: »Sie ist die Verkörperung der Lebensfreude und Hingabe. Man sieht ihr nicht an, was sie im Leben durchgemacht hat. Sie ist in mein Innenleben, in alle meine Schriftstellerangelegenheiten eingeweiht.«

5

1956 ist der Roman *Doktor Schiwago*, nach dem sich Pasternak sein halbes Leben wie nach einem lebendigen Wesen gesehnt hat, vollendet. Zu Olgas Arbeit gehört es, das Manuskript, das sie mehrfach kopiert hat, binden zu lassen und zu verschicken. Es wird an verschiedene Verlage, an Kollegen, Freunde und Kritiker geschickt. Die Reaktionen auf das Manuskript sind sehr unterschiedlich. Manche Kollegen sind entsetzt, dass in dem Roman der Name Stalin fehlt, sie halten ihn für ein »antipropagandistisches« Werk, von dem sie glauben, dass es zu Recht keinen Verlag finden wird. Einige Freunde hingegen loben den Realismus des Romans, und ein Verlag bietet an, ihn herauszubringen. Aber die Zeit vergeht – Pasternak nutzt sie, um weiter an seinem Werk zu feilen – und nichts geschieht.

Pasternak übt sich in Geduld; in Vorfreude und in der Gewissheit, dass er mit diesem Werk nun nicht mehr ignoriert wird, stellt er Gedichte für einen großen Auswahlband zusammen, dessen Drucklegung ihm schriftlich zugesichert worden ist. Aber natürlich sind seine und Olgas

Gedanken mit dem Roman beschäftigt, auf den sie beide gleichermaßen stolz sind. Olga schreibt Pasternaks späte künstlerische Leistung allein ihrer Liebe zu: »Der Gedanke an *Doktor Schiwago* als sein Hauptwerk und ›unseren‹ Roman durchdrang ihn vollkommen.«

Der Roman beginnt im Jahr 1901 mit der Beerdigung der Mutter des zehnjährigen Juri Schiwago, der durch ihren Tod zum Vollwaisen wird. Der Junge wird von entfernten Verwandten, der Familie Gromeko, in Moskau großgezogen, mit ihm die gleichaltrige Tochter Tonia. Juri besucht das Gymnasium und studiert dann Medizin. Im gleichen Stadtteil wohnt Lara, der Juri zwei Mal in dramatischen Situationen begegnet, die sich ihm tief einprägen. Lara ist als 17-Jährige die Geliebte des Mannes, der eine Beziehung zu ihrer Mutter unterhält und die vaterlose Familie finanziell unterstützt. Um von ihm, Komarowski, loszukommen, heiratet Lara und geht mit ihrem Mann Pascha Antipow 1912 in ihre Geburtsstadt Yuriatin im Ural. Beide arbeiten als Lehrer und bekommen eine Tochter, Katenka. Nur geschätzt, nicht geliebt, verlässt Pascha seine Familie und begibt sich 1915 an die Front.

Als Lara keine Post mehr von ihm bekommt, macht sie sich auf den Weg, ihn zu suchen. In einem Lazarett trifft sie auf Schiwago, der in Moskau seine Frau Tonia, seinen Sohn Alexander und seinen Schwiegervater zurückgelassen hat. Während er als Arzt und Lara als Krankenschwester die Verletzten versorgen, spürt Lara Juris Liebe, der sie sich entzieht, weil sie ihrem Mann die Treue hält.

Das Lazarett wird aufgelöst, die beiden trennen sich. Lara geht nach Yuriatin zurück und nimmt Katenka wieder zu sich. Schiwago schlägt sich nach Moskau durch und findet die gesamte Bevölkerung nach der Februarrevolution 1917 in einem schrecklichen Zustand vor: alle hungern. Nach einem gemeinsamen Beschluss übersiedelt die Familie im April 1918 in den Ural auf das große Landgut Warykino in der Nähe von Yuriatin. Dort bezieht sie einen hölzernen Vorbau und lebt von dem Ertrag der Ernte aus dem Garten. Bei einem Ausritt in die Stadt trifft Schiwago Lara wieder, und nun gestehen sie sich gegenseitig ihre Liebe. Von Gewissensnöten gequält, leben sie doch in den beiden Monaten Mai und Juni voller Hingabe nur für einander.

Als Tonia 1919 ein zweites Kind erwartet und die Niederkunft bevorsteht, reitet Schiwago ein letzte Mal zu Lara, um sich von ihr loszusagen. Auf dem Rückweg wird er von roten Partisanen, den ›Waldbrüdern‹, überfallen und verschleppt. Schiwago denkt an Flucht, fühlt sich aber bald als einziger Arzt für die schwer Verwundeten verantwortlich. Zwei Jahre lang zieht er mit den Partisanen durch das verwüstete Land und leidet entsetzlich. Als die Partisanen eingekesselt werden, flieht er zu Fuß nach Yuriatin, in der Hoffnung, etwas über seine Familie zu erfahren. Tonia, die in Abwesenheit ihres Mannes eine Tochter geboren hat, ist mit der Familie nach Moskau zurückgegangen, später des Landes verwiesen worden und nach Paris geflohen. Schwer entkräftet und fiebrig, schleppt sich Juri in Laras halb verlassene Wohnung, findet einen Brief von ihr und bricht zusammen.

Nachdem Lara ihn gesund gepflegt hat, bleibt Juri, Lara und Katenka nicht viel Zeit. Die Angst, verhaftet zu werden, wird jeden Tag größer. Mit einem Pferdegespann retten sich die drei im tiefsten Winter nach Warykino. Das Landgut ist verlassen, Lara sucht die letzten Lebensmittel zusammen und sorgt für den Haushalt. Juri schreibt Gedichte, in denen schon die Trauer über die Trennung von Lara anklingt, da spürt sie Komarowski, »aus dem Dezemberdunkel«, in ihrem Versteck auf. Nah dem Verhungern und dem Wahnsinn, stimmt Juri Komarowski zu, Lara und Katenka mit sich zu nehmen, um sie in Sicherheit zu bringen. Juri weiß, wie verhasst Lara gerade dieser Mann ist, deshalb lässt er sie im Glauben, mit einem anderen Gespann zu folgen.

Allein, seiner Liebe beraubt, trinkt Juri bis zur Besinnungslosigkeit. Sein Leben ist für ihn sinnlos geworden, nicht einmal seine Gedichte, die einzig durch die Aura Laras inspiriert worden sind, bedeuten ihm noch etwas. Eines nachts kommt Laras Mann, der als fanatischer Revolutionär unter dem Decknamen Strelnikow unzählige Grausamkeiten begangen hat. Pascha sucht Frau und Tochter, findet aber nur Juri vor. Die beiden Männer gestehen sich gegenseitig ihre tiefe Liebe zu Lara, das versöhnt sie. Ausgesöhnt kann Pascha mit dem Leben abschließen, er erschießt sich auf der Schwelle des Hauses.

Schiwago macht sich allein auf nach Moskau, der Fußmarsch und die Fahrt mit der Eisenbahn dauern Monate. In Moskau besorgen ihm Freunde Arbeit und Unterkunft. Er beginnt noch einmal eine Beziehung zu einer Frau, mit der er zwei Kinder bekommt. Aber ohne die Liebe Laras geht er rasch zugrunde, er stirbt 1929 mit 39 Jahren an einem Herzinfarkt in einem öffentlichen Bus, von Menschen umgeben, die er nicht kennt.

Lara ist zur selben Zeit in Moskau. Sie hat 1922, in Abwesenheit von Juri, eine Tochter bekommen, die in den Revolutionswirren verlorengegangen ist. Auf der Suche nach Tanya sieht sie zum letzten Mal ihren Geliebten: in einer Mietwohnung für die Trauerfeier aufgebahrt. Bei der Gelegenheit lernt sie den Halbbruder Juris kennen, der ihr bei der Suche nach Tanya behilflich sein will, sie wiederum ihm bei der Durchsicht der Gedichte, die Juri hinterlassen hat. Eines Tages geht Lara aus dem Haus und kehrt nicht mehr zurück. »Vielleicht war sie auf der Straße verhaftet worden, und sie starb oder verschwand irgendwo als eine Namenlose, eine beliebige Nummer auf einer verlorengegangenen Liste, in einem der zahllosen Konzentrationslager des Nordens.«

6

Doktor Schiwago ist ein zeitgeschichtlicher Roman, ein Entwicklungs- und Künstlerroman, über weite Strecken ein autobiografisches Zeugnis, vor allem aber ist er ein Liebesroman, in dem der Frauenfigur Lara die zentrale Rolle zukommt. Für den Protagonisten Juri Andrejewitsch Schiwago beginnt jedes Mal, wenn er in Laras Aura gerät, ein neues Leben. Alles tritt zurück bei ihrem Anblick: die Grausamkeit der Revolution, die Verbrechen des Bürgerkrieges, Juris Verschleppung, die gewaltsame Trennung von seiner Familie, die Qual des Hungers und die Angst vor dem Tod. Wie in Dantes *Vita Nuova* die Liebe zu Beatrice niemals psychologisch motiviert ist, so geht es Pasternak nicht darum, nur diese eine individuelle Liebesbeziehung darzustellen, sondern die Liebe selbst.

Lara ist die Liebe. Deshalb kann der verheiratete Arzt Schiwago sich ihr nicht entziehen. Der Leser gerät aber nicht in ein Idyll ungestörter Zweisamkeit, immer wieder – und bis zum Ende – wird das Paar auseinandergerissen, in das Chaos einer Gesellschaft gestürzt, die sich in einem totalen Umbruch befindet. Pasternak zeigt sehr realistisch, dass das Schicksal des Einzelnen in dieser Zeit nicht in dessen Hand liegt. Für die Menschen ist nichts vorhersehbar, nichts lenkbar, keiner von ihnen wird je zur Ruhe kommen. In Juris und Laras Leben sind es nur Augenblicke, in denen sie in die Aura der reinen Liebe eintreten und inneren Frieden finden. Beide werden nicht als Helden gezeichnet – vielmehr als Antihelden –, und trotzdem und gerade deshalb sind sie im biblischen Sinne herausgehoben aus der Masse der Unzähligen. Sie schöpfen, wie Tagore sagt, aus dieser besonderen Liebe, die das Lob der Menschen nicht benötigt und die keine Verfolgung von außen erreichen kann.

Pasternak hat sich zeitlebens als russischer, nicht als jüdischer Autor verstanden. Eine religiöse jüdische Tradition gab es in seiner Familie nicht. Schon seine Eltern hatten sich taufen lassen, einer ihrer Gründe war, dass sie dem Verbot entgehen wollten, das den Juden das Wohnrecht in allen großen Städten versagte mit Ausnahme von Odessa. Der jüdische Philosoph Isaiah Berlin berichtet, dass er Pasternak in Gesprächen als »gläubigen Christ« erlebt habe, der »wünschte, die Juden würden sich assimilieren«. In diesem Sinne lässt der Autor auch Schiwago sprechen. Für Pasternak ist die Bibel, in der er regelmäßig ließt und aus der er große Erkenntnis gewinnt, »ein Notizbuch der Menschheit«. Die schönsten Passagen in

Doktor Schiwago, in denen es um Liebe und Nächstenliebe geht, sind kunstvoll und weise wie Gleichnisse in der Bibel.

Bei einem Gefecht zwischen den Partisanen – die Schiwago verschleppt haben und denen er nun angehört – und jungen Weißgardisten greift der Arzt zum Gewehr, um den Regeln zu gehorchen. Er schießt auf einen dürren, abgestorbenen Baum, um nicht einen der jungen Männern zu treffen, die ihn an frühere Klassenkameraden erinnern. Unglücklicherweise aber verirrt sich eine Kugel und trifft. Als der Kampf beendet ist, stürmt Schiwago zu dem von ihm Getroffenen, der wundersamerweise nur schwer verletzt ist. Ein Amulett auf seiner Brust, in dem sich der 90. Psalm befindet, hat die Kugel abgelenkt. Schiwago kleidet den Weißgardisten in die Uniform eines toten Funkers – zu seiner Verblüffung findet er denselben Psalm auch bei ihm –, pflegt den Feind gesund und lässt ihn laufen. Er handelt hier nach der Lehre des Evangeliums, er beantwortet die Gewalt mit Barmherzigkeit, dem Zerstörungswillen zweier politischer Feinde stellt er die Brüderlichkeit gegenüber; am Ende siegt die Gnade.

Das letzte Lager der Partisanen liegt mitten im Wald. Es ist Herbst, die Blätter der Bäume sind gefallen, da entdeckt Juri auf seinen Streifzügen eine Eberesche auf einer Anhöhe, die ihre »flachen Dolden mit den glühendroten Beeren zum bleigrauen vorwinterlichen Himmel« emporreckt. Kleine Vögel lassen sich auf ihr nieder und picken »langsam und wählerisch an den größten Beeren der Dolden«. Es entsteht eine »innige Beziehung zwischen den Vögeln und dem Baum«, der sich eine Zeit lang gegen die

Gefräßigkeit der Tiere zu sträuben scheint, bis er »ihnen dann aber in lauterem Erbarmen schließlich nachgab, sich öffnete und ihnen die Brust reichte wie eine Amme. ›Je nun, was soll man schon mit euch machen. Ja, fresst mich nur, fresst von mir. Ernährt Euch!‹ Und dann lächelte sie.«

Als Schiwago, kurz vor dem Verhungern, aus dem Partisanenlager nach Yuriatin flieht, ist er ganz erfüllt von Wiedersehensfreude und Liebe. Aber erst, als er *seiner* verschneiten Eberesche ansichtig wird, weiß er, dass seine Liebe nicht Tonia, sondern Lara gilt, und sie es ist, die ihm in Gestalt der Eberesche entgegentritt:

»Sie stand zur Hälfte im Schnee, zur Hälfte war sie noch mit gefrorenem Laub und mit ihren Beeren bedeckt, und sie reckte ihm zwei beschneite Äste grüßend entgegen. Er musste an Laras weiße Arme denken, die so voll und freigebig waren, und er griff nach den Zweigen und zog den Baum an sich heran. Wie zur Antwort überschüttete ihn die Eberesche mit ihrem Schnee von Kopf bis Fuß. Er murmelte, wusste aber nicht, was er sagte, so sehr war er außer sich: ›Ich werde dich sehen, du Himmelsbild, du meine Fürstin, du meine Eberesche‹.«

So wie die Eberesche der Baum der Vögel ist, der die Tiere ohne Gegenleistung mit ihren roten Beeren nährt, so ist es Lara, die Schiwago durch ihre bedingungslose Liebe am Leben hält. Für den Arzt verkörpert Lara das Wesen der Maria Magdalena, weil er wie Christus nicht jene liebt, »die nie vom Weg gewichen, die nie gefallen sind«. In der Verquickung von Leid und Leidenschaft erkennt Schiwago den tiefen Sinn des Lebens.

Mit der Beschreibung der Eberesche, der Pasternak ein

ganzes Kapitel widmet, verherrlicht der Dichter die Vereinigung des Menschen mit der Natur. Sie ist dem Menschen wohlgesonnen, verschenkt sich an ihn – während der Mensch seinesgleichen tötet. Pasternak zeigt sich hier auf schönste Weise als Naturmystiker und setzt gleichzeitig Olga Iwinskaja ein Denkmal. Es ist ihre Liebe, der Pasternak nicht widerstehen kann. Es ist ihre Aura, in der er die Kraft schöpft, um sein größtes Werk vollenden zu können. Es ist ihre Nähe, in der das Leben lebenswert wird – bei allen Verirrungen, aller Schuld, die er gegenüber seiner Familie empfindet, und aller politischen Bedrängnis.

Einmal nachts, in der großen Datscha bei Sinaida, schreibt Pasternak ein Gedicht, in dem er Olga heraufbeschwört: »Ich bin allein. / Das stimmt nicht, Du / Die ganze Welle Deiner Weiße hier / Bei mir.« Pasternak hat Olga als eine Lichtgestalt empfunden, die ihn durch das dunkle letzte Jahrzehnt seines Lebens führt. So teilt er, als er Olga gerade kennengelernt hat, einer Freundin mit: »In meinem Leben ist eine goldene Sonne aufgegangen, und das ist so gut, so gut.« In seinem Roman *Doktor Schiwago* ist Olga, in der Figur der bedingungslos liebenden Lara, auf einzigartige Weise porträtiert. Über ihrer beider Liebe heißt es am Ende des Romans, als sich Lara über den Sarg des toten Juri beugt und ihren Gedanken freien Lauf lässt: »Sie liebten einander nicht, weil sie nicht anders konnten, nicht von der Leidenschaft entflammt, wie es wohl heißt, wenn die Liebe falsch und unwahr dargestellt wird. Sie liebten einander, weil alles ringsum es wollte: die Erde unter ihren Füßen, der Himmel über ihren Köpfen, die Wolken und die Bäume.«

7

Pasternak hatte ein besonderes Verhältnis zu Frauen, von Kindheit an. In *Über mich selbst. Versuch einer Autobiographie* erinnert er sich an das ärmliche Wohnviertel, in dem er aufgewachsen ist: »Diesem Umgang mit Bettlern und Pilgerinnen, dieser Nachbarschaft zur Welt der Verstoßenen, ihren plötzlichen Zusammenbrüchen mitten auf den Boulevards, verdanke ich das herzerschütternde Mitleid, das ich sehr früh schon und zeit meines Lebens für die Frau überhaupt empfand.« 1958, zwei Jahre vor seinem Tod, verfasst er das Gedicht *Frauen der Kindheit*. In ihm beschreibt er aus der Perspektive eines »Buben«, der aus dem Fenster sieht, Frauen in verschiedenen Tätigkeiten. Die letzte Strophe ist ein einziger Lobgesang auf die Frau: »Jede, die mir so flüchtig begegnet / Und am anderen Ufer versank, / Sei für dieses Vorbeigehn gesegnet, / Ihnen allen schuld ewig ich Dank.« Die Mutter war es, die den Grundstein dafür gelegt hat, Frauen hoch zu schätzen. Rosalia hat ihre Karriere aus Liebe zu Boris und seinen Geschwistern aufgegeben, sie hat jahrelang heimlich Haushaltsgeld zurückgelegt, damit er im Ausland studieren konnte, was er als 22-Jähriger dann in Marburg tat.

Die Fähigkeit, mitzuleiden, verlässt Pasternak bis zum Ende nicht; ebenso seine Hilfsbereitschaft gegenüber Notleidenden, Verfolgten und Außenseitern. Für Marina Zwetajewa bleibt er bis zu ihrem Selbstmord im August 1941 ein fürsorglicher Helfer, nach ihrem Tod kümmert er sich um ihre Tochter Ariadna. Der verfemten Kollegin Anna Achmatowa legt er unbemerkt 1000 Rubel unter das Kopfkissen. Sogar für potenzielle Diebe hat er Verständnis. Nachdem in der Künstlerkolonie Peredelkino eingebrochen worden ist, hinterlegt er in seiner Datscha ein Kuvert mit einem höflichen Brief an die »Sehr geehrten Diebe« mit einer Geldsumme. Die Diebe bleiben aus, und Sinaida nimmt immer wieder von den 600 Rubeln. Als Pasternak das bemerkt, ist er empört: »Wie könnt ihr meinen Dieben ihr Geld stehlen? Und wenn sie heute Nacht kommen, wie stehe ich dann vor ihnen da? Was soll ich dann meinen Dieben sagen? Dass man sie bestohlen hat?«

Diese Geschichte ist nicht nur eine heitere Anekdote, die der Autor Alexander Raskin gerne erzählte. Sie zeigt vielmehr wesentliche Züge Pasternaks, der in jeder Situation versucht, Mensch zu bleiben. In die tiefste Krise seines Lebens gerät er, als er 1933 in den Ural eingeladen wird, um die ländlichen Betriebe und Kolchosen zu besuchen, über die er schreiben soll. Hier sieht er, was die Innenpolitik Stalins angerichtet hat: millionenfachen Hunger. Bauern in Lumpen schleppen sich zur Kantine, in der die Schriftstellerbrigade Kaviar speist, und betteln um ein Stück Brot. Pasternak ist der Einzige in der Gruppe, der auf sein Essen verzichtet und es den Bauern aus dem Fenster reicht. Überstürzt reist er mit seiner Familie ab. In den folgenden Monaten leidet er unter massiven Schlaf- und Essstörungen, schließlich muss er in einer Klinik behandelt werden. Später weigert er sich, über seine Eindrücke zu schreiben; er weiß, man verlangt von ihm einen Propagandatext. Aus der Krise rettet ihn die Übersetzung aus Werken der Weltliteratur, »die Möglichkeit, ehrlich zu arbeiten«, wie er es nennt.

Aber in *Doktor Schiwago* beschreibt Pasternak das Elend der Landbevölkerung, ihre zerstörten Dörfer, ihren Hunger, ihre Heimatlosigkeit. Als Juri allein von Warykino nach Moskau wandert, sich von den rohen Körnern aus den Ähren der im Stich gelassenen Feldern ernährend, folgen ihm einmal »grauenvoll verwilderte Bauernkinder. Sie warfen einander Blicke zu, als wollten sie beraten, wann sie über den Doktor herfallen sollten, um ihn zu zerreißen. Sie ernährten sich von Aas, empfanden aber auch keinen Widerwillen gegen die Mäuse, die die Felder aufwühlten.« Wieder ist die von den Menschen unberührte Natur Juris Beschützerin: er rettet sich in den dichten Wald, den die Kinder nicht zu betreten wagen. Die Passagen über das durch Bürgerkrieg und Planwirtschaft zerstörte Land gehören zu den eindrücklichsten des Buches. So stellt Maxim Gorki zu Recht fest: »Das ist die Stimme eines echten Dichters, eines sozialen Dichters im besten und tiefsten Sinne des Wortes.«

Während sich die Ehefrau Pasternaks an die Verhältnisse des realen Sozialismus anzupassen sucht, um ihre Familie zu schützen – sie bittet sogar ihren Mann, das Todesurteil an drei angeblichen Kriegsverbrechern durch seine Unterschrift zu befürworten, als das von ihm verlangt wird, um seine Parteitreue zu testen –, liebt Olga an Pasternak gerade sein unbeirrbares Gewissen. Sie teilt nicht nur seine hohen ethischen Werte, sondern lebt sie bis zu einem schmerzlichen Grad: Zwei Mal in ihrem Leben nimmt sie wegen Pasternak jahrelange Lagerhaft auf sich. Die Veröffentlichung des Romans *Doktor Schiwago* aber führt sie und den Dichter, der von da an »Staatsfeind Nummer 1« genannt wird, an die Grenze ihrer Belastbarkeit und lässt das Paar bis zu Pasternaks Tod nicht mehr zur Ruhe kommen.

8

Am 20. Mai 1956 wird in der großen Datscha in Peredelkino ein Festessen gegeben, das sich bald zu einem Saufgelage entwickelt. Olga darf, obwohl sie in der Nähe wohnt, nicht einen Fuß auf die Schwelle des Hauses setzen, das ist ein ungeschriebenes Gesetz, an dem die Großfamilie bis zum Tod Pasternaks festhält. Unter den Gästen, die meisten sind aus den umliegenden Datschen gekommen, befinden sich auch zwei italienische Kommunisten. Der eine ist Diplomat, der andere Literaturagent des Mailänder Verlegers Feltrinelli. Letzterer interessiert sich für den fast vollendeten Roman. Während die Nachbarn sich unten am Tisch weiter vergnügen, beginnen die Verhandlungen oben in Pasternaks Arbeitszimmer hinter verschlossener Tür. Sergio D'Angelo ist auf die Situation vorbereitet, er stellt gute Konditionen in Aussicht und ist am Ende erfolgreich. Pasternak übergibt ihm beim Abschied einen in altes Zeitungspapier gewickelten Papierstoß. »Und hiermit«, sagt er auf der Türschwelle, »sind sie zu meiner Hinrichtung eingeladen«.

In dem Moment, in dem Olga erfährt, dass Pasternak das Manuskript an einen ausländische Agenten gegeben hat, ahnt sie, was auf sie beide zukommen wird. Sehr genau hat sie noch die nächtlichen Verhöre in der Lubjanka im Ohr, als ihr gesagt wurde: »Ich rate Ihnen, gründlich über den Roman von Pasternak, der hier die Runde macht, nachzudenken. Ausgerechnet jetzt dieser Roman – in einer Zeit, in der wir von so viel Übelwollenden und Feinden umgeben sind! Der antisowjetische Inhalt ist Ihnen ja wohl bekannt ...« Als Pasternak ihr nun das Geständnis macht, ist sie außer sich: »Stell dir bloß vor, wie man jetzt die Hunde auf dich hetzen wird.« Beschwichtigend gibt er zu bedenken: »Der Schriftsteller existiert, damit seine Werke gedruckt werden.«

Obwohl Pasternak sich nichts sehnlicher wünscht als eine Veröffentlichung im westlichen Ausland – er hat begriffen, dass sich für seinen Roman in der Heimat kein Verlag stark macht –, wird Olga Iwinskaja in den nächsten Monaten rastlos alles tun, was in ihrer Macht steht, um die Angelegenheit rückgängig zu machen. Zu groß ist ihre Angst vor einer weiteren Verhaftung. Außerdem glaubt sie, dass ihre Bemühungen bei den heimischen Verlagen vielleicht doch noch Früchte tragen werden. *Nowyi mir* hat ihr zugesichert, die Gedichte und wenigstens einzelne Kapitel aus *Doktor Schiwago* zu drucken.

Gleichzeitig schaltet sich auch die allmächtige Partei ein. Sie schickt einen Funktionär nach England, um Pasternaks Schwester unter Druck zu setzen. Erste Stimmen von Kollegen werden laut, der Dichter habe Verrat an der Heimat begangen. Pasternak selbst macht man Versprechungen, beschwichtigt ihn, droht und isoliert ihn. Aber was die Genossen auch unternehmen, weder ihnen noch Olga gelingt es, D'Angelo zu bewegen, das Manuskript herauszugeben. Währenddessen hat Feltrinelli längst Mikroaufnahmen von jeder einzelnen der 433 Seiten anfertigen lassen und ist nach erster Lektüre davon überzeugt, einen der großen Romane der Weltliteratur vor sich zu haben. So ist der Triumphzug des *Doktor Schiwago* nicht mehr aufzuhalten.

Bejubelt im Ausland, verdammt im eigenen Land, ordnet die Partei an, nach außen hin Stillschweigen zu bewahren, um einen Skandal abzuwenden. Innenpolitisch jedoch ist man der Überzeugung, die der erste Sekretär des sowjetischen Schriftstellerverbandes äußert: »Der Kalte Krieg greift über auf die Literatur. Wenn der Westen dies als Freiheit der Kunst betrachtet, dann muss ich sagen, dass wir anderer Auffassung sind.« Alexej Surkow kann bei seiner Kritik am Westen, die er in Rom im Oktober 1957 vorbringt, noch gar nicht wissen, welch eine große Rolle »der Kalte Krieg« bei der Verbreitung des *Doktor Schiwago* in Zukunft spielen wird.

Die CIA lässt das Buch in einem niederländischen Verlag in seiner Ursprungssprache drucken. Der Leiter der Abteilung für diese verdeckte Operation glaubt wie seine Kollegen, ein einziges Buch könne »die Haltung des Lesers verändern, wie das kein anderes Einzelmedium vermag«. Als erste Gelegenheit, das verbotene Buch unter Sowjetbürgern zu verbreiten, nutzt man die Weltausstellung 1958 in Brüssel. Während Privilegierte aus der UdSSR die Pavillons der vertretenen Nationen besichtigen, hält der Vatikan eine besondere Überraschung für sie bereit: im blauen Einband verteilen Priester *Doktor Schiwago.* Die Sowjetbürger entfernen den Einband, zerlegen den Innenteil des Buches in einzelne Hefte und schmuggeln sie in »Konservendosen und anderen abenteuerlichen Verstecken« in die Heimat. In Moskau zahlen die Menschen Wochenlöhne, um ein Exemplar zu ergattern.

Nun ist der Roman in seiner Ursprungssprache gedruckt, das ist die wesentliche Voraussetzung für die Begutachtung durch das Nobelpreiskomitee. Und man wartet in Schweden nur auf diesen Zeitpunkt. Ohne wirklich zu bedenken, dass sich Pasternaks Lage in der Sowjetunion noch verschlechtern kann, wird dem Dichter der Nobelpreis verliehen. Das Telegramm erhält er am Donnerstag, den 23. Oktober 1958, gegen Mittag. Pasternaks Nachbar – der Einzige mit Telefonanschluss in der Schriftstellerkolonie – ist von Moskau bereits informiert und hat die Nachricht schon weitergetragen. Binnen weniger Stunden wird die große Datscha Treffpunkt von Familienmitgliedern, Freunden, Nachbarn, Kollegen und ausländischen Journalisten mit Kameras. Die vorherrschenden Gefühle sind ungläubige Freude, Angst, Neugier, Neid, Sensationslust und Hass.

Pasternak macht sich so bald wie möglich auf den Weg zur kleinen Datscha, um seiner Geliebten die wunderbare Nachricht selbst zu überbringen, bevor andere sie ihr zutragen. Auf dem Postamt in Peredelkino gibt er aber rasch noch ein Telegramm nach Stockholm auf: »Unendlich dankbar, bewegt, stolz, überrascht, verwirrt.« Damit stellt er Olga zum zweiten Mal vor vollendete Tatsachen. Ihre Bedenken gegen diesen Schritt hätte er in dem Augenblick des Glücks nicht ertragen. Während er sich noch im Taumel seiner Gefühle befindet, mobilisieren die Partei und parteitreue Schriftstellerkollegen gegen ihn die ganze Presse des Landes und die öffentliche Meinung. Große Zeitungen, wie die *Prawda*, bezeichnen den Dichter und sein Werk als Unkraut, andere nennen ihn einen Verräter, der Erste Sekretär des ZK vergleicht ihn in einer öffentlichen Rede mit einem Schwein – später gibt er an, Chruschtschow selbst habe ihm den Text diktiert. Studenten formieren sich, vom KGB gebilligt, vor dem Haus des Schriftstellerverbandes und skandieren: »Judas, raus aus der Sowjetunion!« Am 27. Oktober 1958 wird Pasternak aus den Verband ausgeschlossen. Damit werden zukünftige Verdienstmöglichkeiten fragwürdig, auch das kostenlose Wohnen in der Schriftstellerkolonie könnte ein Ende haben. Für Pasternak allerdings sind die Stimmen am schrecklichsten, die seine Ausbürgerung fordern.

Mit den Augen eines Malers, den Händen eines Bauern, mit dem Geist des Schriftstellers und der Heimatverbundenheit eines Patrioten sieht und liebt Pasternak sein Land: »Das Verlassen meines Landes ist für mich gleichbedeutend mit dem Tod.« Von der Presse beschimpft, von Nachbarn geschnitten, von der Ehefrau gewarnt, von seiner Geliebten gedrängt, von seinem Mut verlassen, schreibt der Dichter in einer von Selbstmordgedanken geprägten Stimmung fünf Tage nach Bekanntgabe der Stockholmer Ehrung das Telegramm an die Schwedische Akademie: »Mit Rücksicht auf die Bedeutung, die dieser Auszeichnung in der Gesellschaft, der ich angehöre, beigemessen wird, muss ich auf den mir zugedachten unverdienten Preis verzichten.«

Olga nennt den Widerruf in ihren Erinnerungen einen »Sieg durch Verzicht. Die Hauptsache, das Buch war erschienen und es machte seinen Weg.« Und obwohl der erste Schritt getan ist, sind die Feinde Pasternaks noch lange nicht besänftigt. Pasternak erhält Drohbriefe, wird auf der Straße beschimpft, außerdem kursieren

Gerüchte, dass seine Datscha in Brand gesteckt werden soll. Wieder ist es Olga, die rastlos von einem Funktionär zum anderen läuft. Denn dieses Mal steht alles auf dem Spiel: Pasternak hat sich das Schlafmittel Nembutal besorgt und will durch einen Doppelselbstmord der ganzen Sache ein Ende setzen. Auf grausame Weise gibt der Mann hier eindeutig der Geliebten, mit der zusammen er sich umzubringen gedenkt, den Vorzug vor seiner Ehefrau.

Olga bittet Pasternak um Bedenkzeit und fährt nach Moskau. Dort sucht sie am 30. Oktober den Direktor des russischen Literaturfonds auf, der sie abweist. Wie durch Zufall begegnet Olga auf dem Flur einem jungen Anwalt, der Mitarbeiter der Autorenagentur ist. Er stellt sich als Verehrer Pasternaks dar und schlägt in dieser Sache vor, einen Brief an den Parteichef Chruschtschow zu schreiben. So kommt man in der Potapow-Gasse zusammen und setzt den berühmten »Bittbrief« auf: »Ich bin durch meine Geburt, mein Leben und meine Arbeit mit Russland verbunden. Ich kann mir mein Schicksal nicht getrennt und außerhalb von Russland vorstellen. Wie immer meine Fehler und Irrungen gewesen sein mögen …« Das Schriftstück wird verfasst von Olga, ihren beiden fast erwachsenen Kindern, dem jungen Anwalt und der Tochter Marina Zwetajewas. Einzig der, um den es geht, fehlt; er wird am Ende den Brief nur leicht korrigieren und unterzeichnen.

Am 31. Oktober 1958 kommt der Brief im Zentralkomitee an und wird am 2. November von der *Prawda* veröffentlicht. Doch der gesteuerte ›Volkszorn‹ lässt nicht nach. Die Presse gefällt sich mehr und mehr in der Rolle des Richters. Besonders aber schaden Pasternak diejenigen Kollegen, die nicht ertragen können, dass der Außenseiter unter ihnen zu Weltruhm gelangt ist. Obwohl Pasternak in dem nun der Öffentlichkeit preisgegebenen Brief inständig darum bittet, in der Heimat verbleiben zu dürfen, wird ihm auf der selben Seite der *Prawda* nahegelegt, das Land zu verlassen, »um persönlich alle Reize des kapitalistischen Paradieses auszukosten«.

Pasternak verzweifelt, er leidet unter Herzbeschwerden und Schlaflosigkeit. Und nun tut Olga etwas, wofür sie sich bis an ihr Lebensende schämen wird: Sie setzt mit dem Kulturfunktionär Polikarpow einen Brief, den »Reuebrief«, an das »Sowjetvolk« auf, der am 6. November in der *Prawda* erscheint.

Es handelt sich um eine öffentliche Selbstdemütigung, die dazu gemacht ist, einen Menschen zu vernichten. Nicht nur, dass der Dichter sein von ihm hochgeschätztes Werk schmäht, er muss auch versichern, das freiwillig zu tun. Der Regimekritiker und spätere Nobelpreisträger Solschenizyn ist fassungslos. Hinter aggressiven Worten verbirgt er seine Verzweiflung. »Ich krümmte mich vor Scham um seinetwillen und um meinetwillen: Wie kann man vor der Drohung, verbannt oder ausgewiesen zu werden, so schmählich in die Knie gehen, so untertänig die Machthaber anflehen, von ›Fehlern und Irrungen‹ sabbern, von eigener Schuld?« Was Solschenizyn nicht weiß, ist, dass der Reuebrief von Olga und Polikarpow aus Halbsätzen Pasternaks, die er in anderen Zusammenhängen geschrieben oder gesagt hatte, zusammengesetzt ist. Er ist also hochmanipulativ, Olga spricht nachher sogar von einer »Fälschung«, an der sie sich beteiligt habe.

»In keinem Land der Welt«, wird Heinrich Böll später feststellen, »ist die Geschichte so genau an der Literaturgeschichte abzulesen wie in der Sowjetunion und im zaristischen Russland.«

›Die Affäre Schiwago‹ ist ausgestanden, nun kann die Bevölkerung der Sowjetunion vom 7. November drei Tage lang mit Feuerwerk und Paraden den 40. Jahrestag der Russischen Revolution feiern. Wie Pasternak die Wochen der Bedrängung erlebt hat, ist in seinem Gedicht *Nobelpreis* beschrieben. »Wie ein Tier bin ich im Netze. / Fern sind Menschen, Freiheit, Licht. / Hinter mir Geheul der Hetze, / Ein Entkommen gibt es nicht. // Was denn tat ich an Gemeinem, / Bin ich Mörder, Schuft, Popanz?– / Brachte nur die Welt zum Weinen / Ob der Schönheit meines Lands.«

9

Das ruhige Arbeitsleben, das Olga und Pasternak 1956 so genossen hatten, wird sich in den letzten zwei Jahren, die ihnen noch bleiben, nicht mehr einstellen. Das Paar steht weiterhin unter Beobachtung, Pasternak selbst hat strenge Auflagen, zu denen es gehört, weder mit ausländischen Journalisten zu korrespondieren noch sie in der großen Datscha zu empfangen. Sinaida, die mehr Angst vor den »Ausländern« als vor den Spitzeln des KGB hat, verlangt von ihrem Mann, ein Schild an der Haustür anzubringen, das ihnen den Eintritt verwehrt. Zu der ständigen Observierung kommen Geldnöte, denn bis zum Ende der ›Schiwago-Affäre‹ ist noch kein Rubel aus dem

Erlös des millionenfach verkauften Bestsellers an den Autor gegangen. An die offizielle Stelle für Auslandshonorare können sich weder Olga noch Pasternak wenden; also wird Feltrinelli gebeten, die Honorare illegal in die Sowjetunion zu bringen. Das wiederum bedeutet, sich strafbar zu machen.

Auch privat ist die Lage kompliziert, das Stillhalteabkommen zwischen Ehefrau und Geliebter aufgehoben. Sinaida lastet die Schiwago-Affäre ganz und gar Olga an. Olga wiederum glaubt für ihren selbstlosen Einsatz während der Verfemung Pasternaks belohnt werden zu müssen. Sie möchte nun endlich die Ehefrau Pasternaks werden und in der Öffentlichkeit an seiner Seite stehen. Von seinem Namen verspricht sie sich Schutz vor einer weiteren Verhaftung. Es beginnt eine Zeit der Versprechen, die nicht gehalten werden, eine Zeit der Krisen und am Ende eine bittere Zeit für die Frau, die sich mit ihrer ganzen Kraft für Pasternak eingesetzt hat.

Anfang des Jahres 1960 verschlechtert sich der Gesundheitszustand Pasternaks, die Herzbeschwerden nehmen zu, noch ist der Lungenkrebs nicht diagnostiziert, aber Vorahnungen des baldigen Todes treiben den Dichter um. Ende April kann sich Pasternak kaum mehr auf den Beinen halten und der einmonatige Todeskampf beginnt – von der Familie fest umklammert. Täglich steht Olga weinend vor der Gartentür des Anwesens, wird aber von Pasternaks Bruder hart abgewiesen. Die Ärztin Anna Golodez, die in der Sterbenacht an Pasternaks Bett wacht, erinnert sich in *Die letzten Tage*: »Um 6 Uhr früh erschien eine völlig aufgelöste, weinende Frau auf dem Hof und schrie laut: ›Jetzt könnt ihr mich reinlassen, jetzt braucht ihr mich nicht mehr zu fürchten‹. Niemand ging ihr entgegen. Sie begab sich zu Boris Leonidowitsch.«

Wie die Romanfigur Lara wird sich Olga über den Toten beugen und fast die Sinne verlieren: »Das Schlimmste hatte sich verwirklicht. Alles hatte sich nach den Richtpunkten des Romans ereignet, der eine tragische Rolle in unserem Leben gespielt und es zugleich verkörpert hatte.« Und die Worte, die Lara beim Abschied für Juri findet, könnten in dem Moment auch die von Olga sein: »Leb wohl, mein Großer, du mein Stolz, mein Geliebter, leb wohl, du mein rasch dahinfließender tiefer Fluss! Wie liebte ich, deine Wellen zu umarmen, wie liebte ich es, mich in deine kühle Flut zu stürzen.«

10

1988, 30 Jahre nach der Nobelpreis-Auszeichnung und drei Jahre vor dem Zerfall des alten Imperiums, kann der Roman *Doktor Schiwago* im Rahmen der Perestroika offiziell in der Sowjetunion erscheinen, ein Jahr später Jewgeni Pasternak in Stockholm den Nobelpreis für seinen Vater entgegennehmen. Auch Olga wird endlich rehabilitiert. Ihre größte Hoffnung aber zerschlägt sich. In einem langjährigen Rechtsstreit fordert sie die persönlichen Briefe, Widmungsexemplare und Dokumente des Geliebten zurück, die der KGB bei der letzten Verhaftung 1960 beschlagnahmt hatte. Mit der Urteilsbegründung, es gebe »keinen Nachweis des Eigentums«, geht die Muse Pasternaks leer aus. Ihr bleiben nur die Erinnerungen und *Doktor Schiwago* als »sein Hauptwerk und ›unseren‹ Roman«. Und wieder steht ihr ein Satz von Rabindranath Tagore vor Augen, den sie und Pasternak zusammen übersetzt haben: »Auch wo Unwahrheit zur Macht gelangt, wird sie nicht zur Wahrheit.«

Im Schweren beheimatet: Ingeborg Bachmann und Paul Celan

Ich denke mit Schmerz an sie, mit Zärtlichkeit und in Freundschaft, und ich denke an die 47-jährige Frau wie an ein Mädchen, und ich wehre mich gegen etwas, das leicht gesagt ist: der Tod habe sie erlöst. Nein, diese Art der Erlösung suchte sie nicht; ich würde sie gern selber fragen, ob ich mich täusche.

Heinrich Böll, 1973

I

Die letzten Kriegswochen verbringt das 18-jährige Mädchen Ingeborg allein im Elternhaus in der Henselstraße 26. »In der Straße ist jetzt niemand mehr«, entweder sind die Bewohner tot oder in die umliegenden Dörfer Klagenfurts geflohen. »In der Innenstadt soll es furchtbar aussehen, und auch hier schaut es aus wie Weltuntergang«, vertraut sie ihrem *Kriegstagebuch* an. Ingeborg hat im »Kopf« ihr »Testament« gemacht, sie geht bei Bombenalarm nicht mehr in den Bunker. Wenn sie schon sterben muss, dann »wenigstens im Garten. Wenigstens im Sonnenschein.« Ihre beiden Lieblingsbücher, *Das Stundenbuch* von Rainer Maria Rilke und *Die Blumen des Bösen* von Charles Baudelaire, an sich gepresst, sitzt sie in einem

Sessel im Garten, das Dröhnen der Flugzeuggeschwader über sich.

Obwohl »die Russen schon in Wien« stehen, heißt die Parole der nationalsozialistischen Fanatiker: »Klagenfurt muss verteidigt werden bis zum letzten Mann und zur letzten Frau.« Als ihr und ihren Mitschülerinnen der Lehrerbildungsanstalt befohlen wird, vor der Stadt Gräben auszuheben, um den Feind aufzuhalten, rebelliert Ingeborg. »Alle Kinder waren da zum Schaufeln, aber keine einzige Lehrperson.« Bei »Vollalarm« gibt es weit und breit keine Möglichkeit des Schutzes, die Kinder zittern vor Angst. Ingeborg findet das, »was man mit uns treibt«, ungeheuerlich. Sie empört sich gegen »die Erwachsenen, die Herren ›Erzieher‹, die uns umbringen lassen wollen«. Am Ende steht ihr Urteil fest: »Nein, mit den Erwachsenen kann man nicht mehr reden.« Ob sie dabei auch an ihren Vater denkt, den ›Erzieher‹ und Lehrer, der sich schon 1932 um die Mitgliedschaft in der damals noch illegalen österreichischen NSDAP bemühte und von dem sie jetzt nicht einmal weiß, ob er noch lebt?

Die Auseinandersetzung mit den Vätern ihrer Generation, die Hitler in Kärnten begeistert empfingen und sich fraglos seiner Diktatur unterwarfen, wird Ingeborg Bachmann am Ende ihres Lebens in einer Heftigkeit führen, die sie an die Grenze ihrer psychischen Gesundheit bringt. Jetzt duckt sie sich, während die Gräben von älteren Führern der Hitlerjugend kontrolliert werden, hinter einen Erdwall, dann rennt sie zu einer »zerbombten Gärtnerei«, in der sie ihr Fahrrad versteckt hat, und fährt nach Hause.

Ihre Flucht ins Gailtal, in dem sich ihre Mutter und

ihre Geschwister aufhalten, hat sie schon vorbereitet, eine Kiste mit allem Notwendigen steht versteckt im Keller. Ihre Freundin »Wilma hat Angst, dass wir wegen Desertion erschossen werden könnten.« Aber Ingeborg ignoriert Wilmas durchaus berechtigte Angst, hat sie sich doch in den letzten Wochen allein durchschlagen müssen, von den Erwachsenen, wie es ihr vorkommt, verraten und dem Tod ausgeliefert.

In der Erzählung *Jugend in einer österreichischen Stadt*, die Ingeborg Bachmann 1959 in einer römischen Literaturzeitschrift veröffentlicht, schildert sie, wie ihre Generation im Alltag mit den Grausamkeiten des Krieges bekannt gemacht wurde: »Die Zeit der Andeutungen ist zu Ende. Man spricht vor ihnen von Genickschüssen, vom Hängen, Liquidieren, Sprengen, und was sie nicht hören und sehen, riechen sie, wie sie die Toten von St. Ruprecht riechen, die man nicht ausgraben kann, weil das Kino darübergefallen ist, in das sie heimlich gegangen sind, um die ›Romanze in Moll‹ zu sehen. Jugendliche waren nicht zugelassen, aber dann waren sie es doch, zu dem großen Sterben und Morden ein paar Tage später und alle Tage danach.«

2

In dem Dörfchen Obervellach im Gailtal besitzt die Familie Bachmann aus väterlichem Erbe ein kleines Haus, in dem man früher die Wochenenden und Ferien verbracht hat. Hier erlebt Ingeborg im Mai 1945 das Kriegsende in einem freudigen Taumel: »Das ist der schönste

Sommer meines Lebens, und wenn ich 100 Jahre alt werde – das wird der schönste Frühling und Sommer bleiben. Vom Frieden merkt man nicht viel, sagen alle, aber für mich ist Frieden, Frieden!«

Ingeborg lernt einen englischen Soldaten kennen, der sich schnell mit ihr anfreundet. Jack Hamesh spricht ein fehlerfreies Deutsch mit Wiener Akzent, er ist von der 8. Britischen Armee als Dolmetscher eingesetzt, er stellt Pässe aus und führt Befragungen zur politischen Vergangenheit der Bewohner durch. Als Ingeborg ihm von ihrer Lektüre erzählt, wird die Beziehung vertrauter. Jack ist freudig überrascht, ein junges Mädchen vor sich zu haben, das trotz nationalsozialistischer Erziehung Thomas Mann, Stefan Zweig, Hofmannsthal, Schnitzler und viele andere der ehemals verbotenen Autoren verehrt.

Jack Hamesh ist Waise, er hat früh seine Eltern durch Krankheit verloren. Mit Hilfe eines Onkels war es ihm als Jude noch in letzter Minute gelungen, 1938 mit einem britischen Kindertransport Wien zu verlassen. Nun sucht er Anschluss und Geborgenheit in Ingeborgs Familie. Er bringt Schokolade und Kekse, tröstet über die Abwesenheit des Vaters hinweg, der sich als Offizier in amerikanischer Gefangenschaft befindet, leiht seinen Dienstwagen aus und macht mit Ingeborg lange Spaziergänge, in denen beide über ihre Zukunftspläne sprechen. Sie möchte in Wien Philosophie studieren, das begrüßt er. Sein größter Wunsch ist, in Österreich, seiner Heimat, bleiben zu können. Von seinem Traum, Ingeborg zu heiraten, spricht er nicht.

In dem kleinen Dorf reden bald alle über das Paar. Obwohl der Krieg beendet ist, die Städte in Trümmern liegen, die Menschen alles verloren haben, gelten die moralischen Vorstellungen der NSDAP unverändert. »Sie geht mit dem Juden«, wird von Nachbarn und Verwandten getuschelt. Als auch Ingeborgs Mutter »nervös« wird, stellt die Tochter sie, im Vertrauen darauf, dass sie vor ihr alles aussprechen kann, zur Rede. Aber Ressentiments gegenüber einem Juden duldet Ingeborg nicht, die Anbiederungen an die Nachbarn erscheinen ihr lächerlich: »Ich werde mit ihm zehnmal auf und ab durch Vellach und durch Hermagor gehen, und wenn alles Kopf steht, jetzt erst recht.«

Für Ingeborg ist die Beziehung zu Jack wichtig, fast lebenswichtig. Zum einen behandelt der 25-Jährige sie wie eine Erwachsene und ermutigt sie, zum Studium nach Wien zu gehen. Zum anderen will sie mit ihrem Bekenntnis zu ihm der Öffentlichkeit zeigen, dass sie die Seiten gewechselt hat. Alle sollen wissen: Sie steht jetzt zu den Ausgestoßenen, den Fremden; vor allem zu den Exilanten, den Opfern der nationalsozialistischen Ideologie. In dem Moment, als sie sich dafür entscheidet, mit »dem Juden« über die Dorfstraßen zu flanieren, beginnt für sie ein neuer Lebensabschnitt. Von nun an wird sie bewusst auf der Seite der Opfer sein, nicht mehr auf der der Täter, die sie als ahnungsloses Kind versuchten moralisch zu korrumpieren.

Das Kriegsende stürzt Ingeborg weder in Gewissensnot noch in eine Identitätskrise, vielmehr markiert es den Schnittpunkt, an dem sie beginnt, ein selbstbestimmtes Leben nach eigenen Vorstellungen zu führen. Sie bedarf der Menschwerdung nicht, wie Millionen von Soldaten und Zivilisten, die in der Diktatur ihre Individualität, ja ihre Identität verloren haben, um als Massenmenschen zu funktionieren. Ingeborg hingegen hat sich ihr eigenständiges Denken bewahrt, und ihre Lektüre hat sie darin bestärkt. Mit dem Mut und der Vitalität eines begabten jungen Menschen zieht sie hinaus in die Welt: »Ich werde studieren, arbeiten, schreiben! Ich lebe ja, ich lebe. O Gott, frei sein und leben, auch ohne Schuhe, ohne Butterbrot, ohne Strümpfe, ohne, ach was, es ist eine herrliche Zeit!«

3

Bachmann beginnt ihr Studium in Innsbruck schon im Herbst 1945. Sie ist froh, der Stadt Klagenfurt den Rücken gekehrt zu haben, über die sie einmal schreibt, »man müsste überhaupt ein Fremder sein, um einen Ort wie Klagenfurt länger als eine Stunde erträglich zu finden«. Engen Kontakt zur Familie, die das Studium finanziert, hält sie trotzdem durch Briefe. Überhaupt wird sie in ihrem Elternhaus in der Henselstraße bis zu ihrem Lebensende immer wieder Schutz und vertrauensvolle Gespräche mit der Mutter suchen.

Im April 1946 setzt sie das Philosophiestudium in Graz fort, für das Wintersemester 1946/47 gelingt es ihr, sich in der Wiener Universität zu immatrikulieren. Bevor sie nach Wien aufbricht, hat sie schon Verbindungen zu literarischen Institutionen aufgenommen. Mit dem aus dem Exil in der Schweiz zurückgekehrten Hans Weigel macht sie sich am 5. September 1947 selbst bekannt. Der um

18 Jahre ältere Literaturkritiker und Essayist verguckt sich gleich in das junge Mädchen: Er wird Bachmanns Wiener Mentor und Geliebter. Durch ihn lernt sie den Künstlerkreis kennen, der sich regelmäßig im Café Raimund trifft, und befreundet sich mit Ilse Aichinger. Beflügelt durch die neuen Kontakte zu Schriftstellern, beginnt sie mit der Arbeit an dem Roman *Stadt ohne Namen*.

Die Briefe von Jack Hamesh aus Palästina, die bis zum Sommer 1947 bei ihr eintreffen und das ganze Elend der Entwurzelung eines jüdischen Exilanten zeigen, lassen sie nun fast ungerührt. Der einsame und den Härten des Lebens eines ungelernten Hafenarbeiters ausgelieferte Mann, der sich sogar in Sorge danach erkundigt, ob Ingeborgs Vater als Lehrer wieder eingestellt worden ist, interessiert sie nicht mehr. In der Künstlerszene Wiens Fuß zu fassen und ihre Dissertation über Martin Heidegger voranzubringen, nimmt jetzt ihre ganze Aufmerksamkeit in Anspruch.

Als sich der einflussreiche Mentor Hans Weigel im Mai 1948 von Freunden und Künstlern verabschiedet – er hat ein Stipendium für einen mehrmonatigen Aufenthalt in New York bekommen –, berichtet Ingeborg ihren Eltern in einem Brief darüber: »Gestern noch unruhige Besuche bei Dr. Löcker, Ilse Aichinger, Edgar Jené (surrealistischer Maler), wo es sehr nett war und ich den bekannten Lyriker Paul Celan etwas ins Auge fasste.« Drei Tage später, am 20. Mai, schreibt sie: »Der surrealistische Lyriker Paul Celan, den ich bei dem Maler Jené am vorletzten Abend mit Weigel noch kennenlernte und der sehr faszinierend ist, hat sich herrlicherweise in mich verliebt, und das gibt mir bei meiner öden Arbeiterei doch etwas

Würze. Leider muss er in einem Monat nach Paris. Mein Zimmer ist momentan ein Mohnfeld, da er mich mit dieser Blumensorte zu überschütten beliebt.«

Diese Zeilen, in denen eine Tochter den Namen ihres neuen Liebhabers zum zweiten Mal gegenüber den Eltern erwähnt, erstaunen. Hier schreibt die 21-Jährige so offen von ihren Herzensangelegenheiten, als tausche sie sich mit einer Freundin aus. Während Ingeborg Bachmann von ihrer neuen Liebe spricht, erwähnt sie den Aufbruch Weigels, mit dem sie eigentlich liiert ist. Das Mohnfeld in ihrem Zimmer spricht deutlich von der intimen Beziehung zu Celan. Selbstbewusst stellt Ingeborg ihren Eltern den dritten jüdischen Geliebten vor.

Will Bachmann ihre Eltern mit der Wahl ihrer Liebhaber provozieren? Der Vater, nachdem er aus der Gefangenschaft kam, darf seinen Beruf als Lehrer eine Zeit lang nicht ausüben, weil er als überzeugter Nationalsozialist eingestuft wurde. Das ist in Bachmanns Familie kein Geheimnis; im Dunkeln bleiben aber, wie bei Millionen von Deutschen Soldaten, die Dinge, die er im Krieg tat und erlebte. Ihn danach zu fragen, ist den Kindern nicht gestattet.

Nach Bachmanns Tod wird ihr jüngerer Bruder Heinz die Eltern als »geläuterte« Nazis beschreiben. Ob sie das schon bei Kriegsende waren, ist fraglich, denn der Prozess, sich von der allmächtigen Propaganda des Nationalsozialismus zu lösen, die in jeden Lebensbereich wirkte, dauert lange. Die Reaktion der Mutter auf das Gerede der Nachbarn über Jack Hamesh zeigt der Tochter etwas anderes: die tiefe Verstrickung ihrer Familienangehörigen in das Denken der Nazis. Stellvertretend für die ganze Familie nimmt Ingeborg Bachmann als älteste Tochter die Last der Schuld gegenüber den Opfern auf sich. Das ist die Grundvoraussetzung dafür, um mit einem Menschen wie Paul Celan eine Liebesbeziehung einzugehen, die in ihrem Leben und Werk bis zu ihrem frühen Tod tiefe Spuren hinterlässt.

4

Paul Celan wird 1920 in Czernowitz, der Hauptstadt der Bukowina, geboren. Er kommt aus einer assimilierten jüdischen Familie, in der Deutsch gesprochen und Bildung als das höchste Gut angesehen wird. Seine Jugendfreundin Edith Horowitz beschreibt Paul als einen begabten, sensiblen Menschen, der früh anfängt, Gedichte zu schreiben, gerne im Mittelpunkt steht und schnell verletzt reagiert: »Er war ein leicht verstimmbares Instrument.« Ruth Kraft, Pauls Jugendliebe, betont etwas anderes: »Bei aller Redegewandtheit war er des Öfteren so sehr vom Gefühl beherrscht, dass er ganz plötzlich verstummte und sich verabschiedete, um später in einem kurzen Brief, den er selbst überreichte, das zu sagen, was er vorher hatte nicht aussprechen können.«

Besonders zu seiner Mutter hat Paul eine enge Bindung, zum Vater, der dafür sorgt, dass er eine hebräische Grundschule besucht, hält er emotional Abstand, folgt aber dessen Wunsch und nimmt im November 1938 ein Medizinstudium in Tours auf. Der Beginn des Zweiten Weltkriegs zwingt Celan zum Abbruch des Studiums in Frankreich und zur Heimkehr. Da Juden in

Czernowitz das Medizinstudium verwehrt ist, wechselt er zur Romanistik. Am 5. Juli 1941 fallen rumänisch-faschistische Legionäre und deutsche Sondereinheiten der Wehrmacht plündernd und brandschatzend in die Stadt ein. Bald danach beginnt die systematische Ermordung der jüdischen Bevölkerung.

Immer wieder werden Juden in den Straßen zusammengetrieben und deportiert. Um Gefahr von ihnen abzuwenden, so erzählen es später Freunde, hätte Paul seine Eltern gebeten, die eigene Wohnung nicht mehr aufzusuchen und sich bei Freunden zu verstecken. Die Eltern hätten, aufgerieben von einem gefahrvollen Alltag, nicht die Kraft gehabt, diesen Schritt zu tun. In einer Nacht im Juni 1942, die Celan bei Ruth verbringt, seien sie abgeholt worden. Celan hat über den genauen Hergang ihrer Deportation bis zum Tod Schweigen bewahrt; sicher ist, dass das Verschwinden seiner Eltern bei ihm ein tiefes Trauma hinterlassen hat.

Leo Antschel-Teitler und seine Frau Friederike sterben im folgenden Winter im deutschen KZ Michailowka bei Gaisin in der Ukraine, der Vater durch Zwangsarbeit entkräftet an Typhus, die Mutter wird von einem SS-Mann mit einem Kopfschuss liquidiert. Der einzige Sohn, Paul Antschel, der sich später Paul Celan nennt, überlebt die Jahre 1942 bis 1944 in einem rumänischen Lager als Zwangsarbeiter im Straßenbau. Wann er vom Tod seiner Eltern erfährt, ist nicht sicher, sehr wahrscheinlich 1944 durch den Vetter Benno Teitler, dem die Flucht aus dem Lager Michailowka gelungen ist.

Nach dem Krieg geht Celan nach Bukarest, er arbeitet dort als Übersetzer und Lektor. In Bukarest erscheint auch sein berühmtes Gedicht *Die Todesfuge*, aus dem Deutschen ins Rumänische übersetzt durch einen Freund. Ende November 1947 flüchtet Celan über Ungarn nach Wien, weil er »mit dem politischen System« der sowjetischen Besatzungsmacht »nicht zurechtkam«. Nach wochenlangem Fußmarsch kommt er völlig erschöpft am 17. Dezember 1947 in der zerstörten österreichischen Hauptstadt an. Er ist einer von hunderttausenden Staatenlosen, die in Europa umherirren. Wien ist für ihn eine Durchgangsstation, sein Ziel ist Paris.

Celan ist mittellos, aber nicht ziellos: schon nach wenigen Tagen versucht er sich als Journalist und Dichter anderen Künstlern anzuschließen, was ihm schnell gelingt; wie ihm auch bald Publikationen seiner Gedichte in der Wiener Zeitschrift *Plan* glücken. Als er Ingeborg Bachmann im Atelier Edgar Jenés das erste Mal sieht, ist er von ihrem jugendlichen Charme und ihrer Ernsthaftigkeit angezogen. Der aus allen Zusammenhängen gerissene jüdische Exilant verliebt sich in das 21-jährige »Mädchen« aus bürgerlichem, dem Nationalsozialismus ergebenem Elternhaus.

Als die Liebe beginnt, steht sie gleich schon unter dem Zeichen der Trennung: Sechs Wochen bleiben dem Paar bis zum Aufbruch Celans nach Paris. Einander richtig kennenzulernen, fehlt die Zeit; starke Gefühle müssen hervorgezaubert werden, die Intensität der Liebe muss für den Zeitmangel entschädigen. So bringt Celan von seinen Streifzügen durch die zerstörte Stadt große Sträuße von Mohnblumen mit, die er auf den Schutthalden gepflückt hat, und legt sie auf Ingeborgs Bett. Ein Liebesbeweis, der den armen Dichter nichts kostet.

Weder in Celans Zimmerchen noch in Ingeborgs Studentenbude können sie sich lange aufhalten, also werden Spaziergänge im Stadtpark gemacht. Besonders angetan sind die beiden von den prächtig blühenden Blauglockenbäumen, den Paulownien. Celan setzt sie wegen seines Vornamens sofort in Beziehung zu sich; und Bachmann erwähnt sie später in ihrem Roman *Malina*. Gesprochen wird über Gedichte – einige zusammen erdacht – und über Celans Leidensgeschichte.

Schon in seiner Jugend in Czernowitz hat Celan vielerlei Erfahrungen damit gesammelt, wie er besonders Frauen durch das Wort beeindrucken kann. Auch im Rezitieren von Gedichten ist er geübt, hat bereits seinen eigenen Ton gefunden, der zugleich feierlich und melodisch ist. Von einem Gedicht sagt er, als er längst ein gefeierter Lyriker ist, es könne im besten Falle, »eine Flaschenpost sein«, die »irgendwann an Land gespült« wird, »an Herzland vielleicht«. Sein Gedicht *In Ägypten*, das er am 23. Mai 1948 fertigstellt und es Ingeborg vor seinem Aufbruch zu ihrem 22. Geburtstag in einer Abschrift schenkt, erreicht sein Ziel »Herzland« sofort. *In Ägypten* wird und bleibt Bezugspunkt ihrer Beziehung: im emotionalen wie im literarischen Sinn.

In Ägypten
Für Ingeborg

Du sollst zum Aug der Fremden sagen: Sei das Wasser!
Du sollst, die du im Wasser weißt, im Aug der Fremden suchen.
Du sollst sie rufen aus dem Wasser: Ruth! Noemi! Mirjam!
Du sollst sie schmücken, wenn du bei der Fremden liegst.

Du sollst sie schmücken mit dem Wolkenhaar der Fremden.
Du sollst zu Ruth und Mirjam und Noemi sagen:
Seht, ich schlaf bei ihr!
Du sollst die Fremde neben dir am schönsten schmücken.
Du sollst sie schmücken mit dem Schmerz um Ruth,
um Mirjam und Noemi.
Du sollst zur Fremden sagen:
Sieh, ich schlief bei diesen!

Ingeborg ist glücklich: Der Dichter der *Todesfuge*, die durch ihre eindrücklichen Bilder und kühnen Metaphern später populär und als zentraler Text über die Judenvernichtung in die deutschen Schulbücher aufgenommen wird, hat ihr eines seiner Gedichte gewidmet! Stolz berichtet sie ihren Eltern davon. Denn für sie ist *In Ägypten* das schriftliche Zeugnis, ja Konzentrat ihrer Liebe. Mit der Rolle »der Fremden« identifiziert sie sich sofort, kommt zukünftig immer wieder auf diese Formulierung zurück. Wie gerne nimmt sie die Last des Fremdseins auf sich, in der Hoffnung, Celan dadurch zu entlasten.

Der Lyriker hat durch Wortmagie etwas erreicht, das ihr erst einmal nicht bedenklich erscheint: die Verkehrung der tatsächlichen Verhältnisse. In seiner Allmacht als Dichter ist er nicht mehr der staatenlose Jude, sondern sie, die in der Heimat Verwurzelte, die Fremde. Ingeborg nimmt das ihr Zugeschriebene in doppelter Weise an: als Kunstwerk und als Identität. Von nun an liegt das Vertraute hinter ihr, das Fremde wird allgegenwärtig.

Der überschwänglich Liebenden entgeht auch, dass sie in eine Reihe von Geliebten gestellt und damit der Einzigartigkeit ihrer Liebe beraubt wird. Vor ihr hat es

Geliebte gegeben, nach ihr wird es sie geben, sie ist nur eine von vielen. Noch dazu wird ihr in einer religiös inbrünstigen Weise aufgebürdet, bei jedem Liebesakt an die ermordeten Jüdinnen zu denken, die vor ihr die Erwählten des Mannes waren. *In Ägypten* ist ein grausames erotisches Gedicht. Und Celan wird Bachmann im Laufe ihrer Beziehung noch Schwereres auferlegen.

Mit diesem ersten Bachmann gewidmeten Gedicht drängt Celan sie nicht nur in die Rolle der Fremden, sondern macht sie auch unumstößlich zu seiner Muse. »Denk an *In Ägypten*. Sooft ichs lese, seh ich Dich in dieses Gedicht treten: Du bist der Lebensgrund, auch deshalb, weil Du die Rechtfertigung meines Sprechens bist und bleibst«, schreibt er im Oktober 1957.

5

Die Tage in Wien sind wie in einem schnellen Rausch vergangen, der Dichter lebt in Paris, Ingeborg hat die Beziehung zu Hans Weigel wieder aufgenommen, und jetzt erst – in der Abwesenheit Celans –, während sie auf Post von ihm wartet, fängt sie an, darüber nachzudenken, was diese Beziehung für sie bedeutet. Je länger Celans »furchtbares Schweigen« anhält, umso intensiver verklärt Bachmann die gemeinsame Zeit. Zu Weihnachten drängt es sie, ihm einen Brief zu schreiben, aber sie schickt ihn nicht ab. Er wiederum richtet zum neuen Jahr ein paar halbherzige Zeilen an sie, die mehr Abwehr zeigen als Vertrauen. Bachmann will antworten, kann sich aber erst im April dazu entscheiden: »Bald ist der Frühling wieder da, der im Vorjahr so seltsam war und so unvergesslich. Ich werd gewiss nie mehr durch den Stadtpark gehen, ohne zu wissen, dass er die ganze Welt sein kann.«

Die beiderseitigen Mitteilungen Anfang des Jahres 1949 markieren den Beginn eines eigenartigen Briefwechsels, der über lange Strecken fast ausschließlich von Bachmann lebendig gehalten und von ihrer Seite bis zum Ende des Jahres 1961 geführt wird. »Ich habe Sehnsucht nach Dir und unserem Märchen«, heißt es in einem Briefentwurf ein Jahr nach ihrer gemeinsamen Zeit in Wien. Wieder beendet Bachmann den Brief nicht, sendet andere nicht ab, die sie für ungeschickt hält, oder solche, die Celan verletzen könnten. Überhaupt liegt über ihren Briefen ein Mehltau der Vorsicht, der nur selten abgestreift wird.

Ingeborg Bachmann hat sich in tiefer Weise auf Celan eingelassen, sie war wie vorbereitet, das Schicksal des fremden Mannes in sich aufzunehmen und zu verarbeiten. »Für mich bist Du aus Indien oder einem noch ferneren, dunklen, braunen Land, für mich bist Du Wüste und Meer und alles was Geheimnis ist. Ich weiß noch immer nichts von Dir und hab darum oft Angst um Dich, ich kann mir nicht vorstellen, dass Du irgend etwas tun sollst, was wir anderen hier tun, ich sollte ein Schloss für uns haben und Dich zu mir holen, damit Du mein verwunschener Herr drin sein kannst, wir werden viele Teppiche drin haben und Musik, und die Liebe erfinden.«

Kindliches – sie ist gerade 23 geworden und sagt von sich, sie sei eine romantische Person – wechselt in Bachmanns Zeilen ab mit der tiefen Einsicht, dass ihr das Wesen des geliebten Menschen letztlich fremd bleibt. Das empfindet sie als eigenes Ungenügen. In typisch weiblicher Weise versucht sie, den fernen Geliebten zur Öffnung seines Wesens zu bewegen: »Ich sehe mit viel Angst, wie Du in ein großes Meer hinaustreibst, aber ich will mir ein Schiff bauen und Dich heimholen aus der Verlorenheit.«

Obwohl Celan nur Andeutungen über seine Einsamkeit und seine Schreibhemmung macht, die ihn in Paris überwältigt haben, hört Bachmann aus seinen Zeilen den bekannten Ton der Schuldzuweisung heraus. Er misst mit zwei Maßen, wenn er erklärt: »Mein Schweigen ist vielleicht verständlicher, als das Deine, weil das Dunkel, das es mir auferlegt, älter ist.« Unvereinbar scheint – nach dieser Äußerung – das Leben des verfolgten Juden, der alles verloren hat, und das einer evangelischen Christin, der im Leben »alles zu Gebote steht«.

Einem Brieffreund in Zürich gegenüber ist Celan gesprächiger. Er habe Rumänien »ohne Pass und allein meinem Stern vertrauend« verlassen müssen, als »ein Wanderer im Dunkeln«. In Paris sei er sehr einsam, »mitten in dieser wunderbaren Stadt, in der ich nichts habe als das Laub der Platanen«.

Bachmann überwindet sich wieder und wieder, die Mauer des Schweigens zu durchbrechen. Sie geht auf seinen Kummer ein, bewundert seine neuen Gedichte, schafft Verbindungen zu Herausgebern und versucht den Autor Celan in Österreich bekannt zu machen. Von ihrem künstlerischen Schaffen, sie hat bereits einige Gedichte in der Wiener Zeitschrift *Lynkeus* veröffentlicht und arbeitet unermüdlich an ihrem Roman *Stadt ohne*

Namen, schreibt sie nichts. Sie ahnt, wie empfindlich Celan reagieren würde, wenn sie vor ihm von eigenen Erfolgen spräche. Dabei sehnt sie sich nach nichts anderem, als einmal eine gefeierte Autorin zu werden.

6

Ende des Jahres 1949 reicht Bachmann ihre Dissertation *Die kritische Aufnahme der Existentialphilosophie Heideggers* ein, mit der sie im März 1950 zur Doktorin der Philosophie promoviert wird. Damit ist das Studium abgeschlossen, und es beginnt ein neuer Lebensabschnitt. Wie sie ihre Zukunft aber gestalten soll, weiß sie nicht genau. Der Wunsch, Celan in Paris zu besuchen, vielleicht sogar ein Leben mit ihm zu wagen, wird wieder stärker. Sie kündigt ihren Besuch an, Celan wartet. Doch dann fehlt es einmal an Geld für die Reise, ein anderes Mal leidet Bachmann wochenlang unter einem Nervenzusammenbruch. Schließlich, nachdem sie ihren Roman beendet hat, der durch Vermittlung Hans Weigels von einem Verlag geprüft, aber mit großen Änderungswünschen an sie zurückgeschickt wird, fährt sie am 14. September 1950 nach Paris.

An Celans Zimmertür findet sie nur einen Zettel mit der Nachricht, dass er bei einem Schüler sei. Die beiden Ähnlichen, sie haben sich zweieinhalb Jahre nicht gesehen, halten es nicht lange miteinander aus in Celans Zimmer im Hôtel d'Orléans, in dem er schon seit seiner Ankunft 1948 haust. Es kommt zu heftigen Streitereien zwischen ihnen. Celan, in depressiver Stimmung, fühlt sich durch Ingeborgs Anwesenheit noch mehr in seiner Arbeit gehemmt. Kaum erträglich ist ihm auch der Gedanke, dass ihr Leben so viel leichter verläuft als seines. Durch Herabsetzung ihrer Person versucht er einen Ausgleich zu schaffen; wie tief er sie dabei verletzt, ist ihm gleichgültig.

»Als die Ehe strindbergisch wurde«, wie Bachmann es witzig an Hans Weigel weitergibt, nimmt sie – nach vier Wochen – Reißaus und fährt weiter nach London. Dort lernt sie Elias Canetti und Hilde Spiel kennen.

Ob sie das Scheitern des Zusammenlebens wirklich mit so viel Humor hinnimmt, wie sie es gegenüber Weigel vorgibt? Celan erlebt Bachmann in den gemeinsamen Wochen anders, seinem Freund Klaus Demus erklärt er: »Inge ist sehr lieb, sie wiederzusehen war mir mehr, als ich gedacht hatte, aber ich kann zu Inge nicht von all dem sprechen, noch nicht sprechen, sie selbst ist ja ein ebenso schwaches Rohr wie ich.«

Zurück von ihren Reisen im März 1951, nimmt Ingeborg Bachmann ihr »altes Wiener Leben« wieder auf, »als wäre nichts gewesen«, wie sie gleich an Celan schreibt. Aber alles hat sich verändert: vor allem sie selbst. Plötzlich ist sie »verzweifelt« und bricht das Spiel, die begabte junge Autorin darzustellen, »hysterisch« ab. Sie will nicht mehr aus dem Haus gehen und muss sich doch »eine Arbeit suchen«.

Auch an die Beziehung zu Hans Weigel kann Bachmann nicht wieder anknüpfen, ihr Mentor wird im Juni die Schauspielerin Elvira Hofer heiraten. Sie ist nun auf sich gestellt, ihr Alltag ist glanzlos, die Zukunft ungewiss. In ihrer seelischen Not erinnert sie Celan an die gemeinsamen Tage im Hôtel d'Orléans: »Weißt Du eigentlich noch, dass wir doch, trotz allem, sehr glücklich miteinander waren, selbst in den schlimmsten Stunden, wenn wir unsere schlimmsten Feinde waren?« Jetzt ruft sie ihm Zeilen aus seinem ihr ebenfalls gewidmeten Gedicht *Corona* ins Gedächtnis, als handele es sich um einen Liebesvertrag. Das Kunstwerk soll die Schattenseiten ihrer Beziehung überstrahlen.

Celan reagiert auf Bachmanns Kümmernisse verstimmt, weil sie mit denen, die er als jüdischer Exilant hinnehmen muss, in keinem Verhältnis stehen. »Du hast bisher mehr vom Leben gehabt, Inge, als die meisten Deiner Altersgenossen. Keine der Türen ist Dir verschlossen geblieben, und immer wieder tut sich Dir eine neue Tür auf. Du hast keinen Grund, ungeduldig zu sein, Ingeborg, und wenn ich eine Bitte äußern darf, so ist es gerade diese: denk, wie rasch Dir alles zu Gebote steht. Und sei nun ein wenig sparsamer mit Deinen Ansprüchen.« Die »guten Ratschläge« gehen weiter: »Ich sage Dir all das, weil ich Dich vor einem gewissen Erfolg warnen möchte: er kann nur sehr kurzlebig sein, und Menschen, die wie Du im Schweren beheimatet sind, sollten ihn zu umgehen wissen.«

Auf der einen Seite warnt Celan Ingeborg Bachmann vor der Oberflächlichkeit des Wiener Kulturbetriebs, in dem sie sich, in ihrer ganz besonderen Weise, sicher zu bewegen weiß und deren Star sie in den nächsten Jahren wird. Auf der anderen Seite nutzt er ihre Beziehungen für sein eigenes Fortkommen. Er bedankt sich bei ihr für ihre Bemühungen um seine Gedichte, die sie Heimito von Doderer und Hilde Spiel mit Erfolg angepriesen hat, und wünscht nun die Adressen der beiden, um selbst mit ihnen in Kontakt zu treten. Geschickt bedient er sich Bachmanns Verbindungen, ihr selbst rät er aber ab, sie für verlässlich zu halten. Er ist es, der den Konkurrenzkampf in die Liebesbeziehung hineinträgt, später wird er auch Freundschaften damit belasten und dadurch einsamer und gefährdeter werden.

Bei Ingeborg Bachmann steht die Sache anders: sie ist die Jüngere, die Bewundernde, die Dienende. Sie will die Welt aufmerksam machen auf die Qualität von Celans Lyrik. Sie übernimmt sogar in einigen ihrer Gedichte, wie *Dunkles zu sagen*, seinen Stil. Als Antwort auf sein Gedicht *Corona*, das ihr Lieblingsgedicht ist, ahmt sie auch seine Metaphern nach. In dem 1952 erschienenen Gedicht *Corona* heißt es: »wir sehen uns an / wir sagen uns Dunkles«. In Bachmanns 1953 veröffentlichtem Gedicht *Dunkles zu sagen* lauten ihre beiden Zeilen: »und in die Schönheit der Erde / und deiner Augen, die den Himmel verwalten, / weiß ich nur Dunkles zu sagen.« In Celans Gedicht: »wir lieben einander wie Mohn und Gedächtnis, / wir schlafen wie Wein in den Muscheln, / wie das Meer im Blutstrahl des Mondes.« In Bachmanns: »Die Saite des Schweigens / gespannt auf die Welle von Blut, / griff ich dein tönendes Herz.«

Mit diesem Kunstgriff führt Ingeborg Bachmann das Dialogische, die poetische Auseinandersetzung, in die Beziehung ein, was nur unter gleichrangigen Dichtern gelingen kann. In ihrem ersten Brief nach der Trennung in Wien erinnert sie Celan an »das Gedicht, das wir miteinander gemacht haben«, als ein großes Glücksgefühl. Für sie als junge Dichterin, die noch ihre Themen und ihren Stil sucht, ist Paul Celan von Anfang an eine Art männlicher Muse – eine Zeit lang: das Verhältnis der beiden wird sich noch verkehren.

Das Selbstbewusstsein Celans hingegen ist das eines Auserwählten, nicht im religiösen Sinn, sondern im künstlerischen. Höchste Ansprüche an das eigene Werk, an sich als Künstler lassen ihn glauben, dass seine Gedichte die aller anderen überragen sollten. Das führt dazu, dass er immer kühnere Metaphern benutzt und Wörter erfindet wie sein großes Vorbild Rainer Maria Rilke, die aber bei ihm an die Grenze des Verständlichen gehen. Schon bei den Titeln seiner Gedichte wird jeder Leser eine andere Assoziation haben: »Angewintertes«, »Beilschwärme«, »Fadensonnen«, »Sperrtonnensprache«. Gerne verwendet er auch Negationen wie »Niemandsrose«, »Niemandes Wurzel« und »Nimmermenschtag«.

»Die Sprache, mit der ich meine Gedichte mache, hat in nichts etwas mit der zu tun, die hier oder anderswo gesprochen wird«, schreibt er 1955 aus Düsseldorf seiner französischen Frau Gisèle, die er im Dezember 1952 geheiratet hat. Für ihn ist es ein Dilemma, dass seine geliebte Muttersprache, Deutsch, gleichzeitig die Sprache der Mörder ist. Es genügt ihm nicht, die Sprache der Mörder zu verfremden, Celan muss eine neue Sprache finden. »Wenn es noch Quellen gibt, aus denen neue Gedichte hervorsprudeln könnten, so werde ich sie nur in mir selbst finden und nicht etwa in den Gesprächen, die ich in Deutschland mit Deutschen auf Deutsch führen könnte.«

Ingeborg Bachmann arbeitet bereits erfolgreich als Hörfunkredakteurin bei dem Alliierten-Sender *Rot-Weiß-Rot* in Wien. Sie schreibt ihr erstes Hörspiel *Ein Geschäft mit Träumen*, das am 28. Februar 1952 ausgestrahlt wird und dem weitere folgen. Sie bearbeitet Theaterstücke für das Radio, verfasst wöchentlich Filmkritiken und macht die Hörer mit besonderen Persönlichkeiten bekannt. Sie ist die erste deutsche Autorin, die 1955 mit ihrem Radio-Essay *Das Unglück und die Gottesliebe – Der Weg Simone Weils* die französische Existenzphilosophin vorstellt.

Finanziell unabhängig, richtet sie ihre Gedanken sofort auf Celan, dem sie nun eine gesicherte Zukunft bieten könnte. Denn auch wenn sie sich an ihren Erfolgen erfreut, liegt der Schatten auf ihr, sich fremd zu fühlen in normalen Verhältnissen. »Ich weiß nicht, ob Du spürst, dass ich niemand habe außer Dir, der meinen Glauben an das ›Andere‹ befestigt«, schreibt sie Celan. Nun ist auch ihr der Kulturbetrieb »widerwärtig«, das »großgeschriebene Heute – es wird mir von Tag zu Tag fremder«.

Keinesfalls redet Bachmann hier Celan zu Gefallen, sie empfindet nun so wie er. Sie hat die ihr von ihm zugeschriebene Rolle der Außenseiterin tief verinnerlicht. Aber je mehr sie seine Sicht auf die Gesellschaft teilt und je stärker sie um ihn wirbt, zeigt er eine »schreckliche Unversöhnlichkeit«. Jetzt lehnt er Nähe ab, nicht einmal freundschaftlich will er noch mit ihr umgehen. »Die Freundschaft weigert sich hartnäckig, rettend auf den Plan zu treten«, gibt er ihr zu verstehen. Endlich scheint sie zu verstehen: »Ich habe alles auf eine Karte gesetzt und ich habe verloren. Was mit mir weiter geschieht, hat wenig Interesse für mich.«

Deprimiert zwar, aber mit noch größerer Energie unternimmt Bachmann vielerlei Versuche, um Celans Werk zu fördern. Es gelingt ihr, dass einige seiner Gedichte vom Sender *Rot-Weiß-Rot* ausgestrahlt werden. Dann macht sie ihn auf die Gruppe 47 aufmerksam, die jungen deutschsprachigen Autoren eine Bühne bietet, mit dem Ziel, die Deutsche Literatur nach dem Zweiten Weltkrieg zu erneuern. »Die Gruppe 47 vergibt zwei Preise, einen 2000-DM- und einen 1000-DM-Preis. Abgesehen davon wird es sehr wichtig für Dich sein, weil die ganze deutsche Presse eingeladen ist, die Literaturleute der deutschen Sender, die sofort die besten Erzählungen, Gedichte etc. kaufen.«

Noch denkt Bachmann bei dem Vorhaben nur an Celan. Als aber der Leiter der Gruppe 47, Hans Werner Richter, einmal den Sender aufsucht, um mit Hans Weigel zu sprechen, liegen »ihre unveröffentlichten Gedichte auf einem sonst ganz leerem Schreibtisch« und Bachmann lässt Richter »über eine halbe Stunde warten, sodass mir gar nicht anderes übrig geblieben war, als die Gedichte zu lesen«. Schon am selben Nachmittag wird Bachmann von Richter zur Tagung der Gruppe 47 eingeladen, die vom 23. bis zum 25. Mai 1952 in Niendorf an der Ostsee stattfinden wird. So einen großen Eindruck haben ihre Person und ihre Gedichte auf ihn gemacht, dass er auf ihren Wunsch hin »auch gleich einen Freund, der in Paris« lebt, verspricht, einzuladen, der »sehr arm sei« und »sehr gute Gedichte schreibe«, bessere als sie selbst, wie sie sagt.

Ingeborg Bachmanns List ist geglückt, nun muss sie nur noch Celan überzeugen, nach Niendorf zu kommen, und der lässt sich bitten. Am Ende hat sie Erfolg, und sie kann ihn auf seinen Auftritt vorbereiten: »Und lies unbedingt die ›Todesfuge‹ – trotz allem –, denn ich glaube, die Gruppe 47 ein wenig zu kennen.«

Obwohl die beiden jungen Lyriker Hans Werner Richter gleichermaßen »unbekannt« sind, steht für Celan mehr auf dem Spiel als für Bachmann; sie hat ein Auskommen, er lebt von Übersetzungen, Unterrichtsstunden und arbeitet in einer Fabrik. Die Anspannung beider auf der Tagung rührt aber nicht von ihrer finanziellen Situation her, sondern von ihren verschiedenen Interessen. Für Bachmann gilt: Sie will Celan wiedergewinnen, ihn sogar heiraten. Für Celan gilt: Er will als Dichter anerkannt werden, sie überflügeln. Die Lesung vor der Gruppe 47 ist für ihn ein harter Konkurrenzkampf, den er verliert.

»Inge hat mich wieder sehr enttäuscht«, schreibt er nach der Tagung an seinen Freund Klaus Demus. »Sie hat mich nämlich wieder verleugnet und es sogar so weit gebracht, sich gegen mich ausspielen zu lassen: Ihre Gedichte, nicht die meinen, blieben die gültigen, und sie ließ es sich, *lächelnd vor Glück*, gefallen, als *die* Dichterin angesprochen zu werden.«

Bis zu diesem Zeitpunkt hat Celan Ingeborg Bachmann als seine Schülerin angesehen – jetzt soll sie die Dichterin sein, die ihn überragt? Celan kann Bachmanns Bevorzugung kaum ertragen, deshalb kommt er zu dem Schluss, dass »ihr Erfolg« nun »keineswegs literarische Gründe« hat. Aber was für Gründe hat Celans Misserfolg? Er liest die *Todesfuge* in seiner ihm ganz eigenen Art: präzise,

ernst, ja geradezu feierlich, manchmal in Sprechgesang übergehend. Und an dieser Vortragsweise macht sich das Unbehagen der Gruppe um Hans Werner Richter fest, der sich zu der Bemerkung hinreißen lässt, Celans Stimme klinge wie die von Goebbels. Der Inhalt des Gedichtes spielt dabei weniger eine Rolle, obwohl einige der kritischen Zuhörer die sich wiederholenden Zeilen hämisch nachgeahmt haben sollen: »Schwarze Milch der Frühe wir trinken sie abends / wir trinken sie mittags und morgens wir trinken sie nachts / wir trinken und trinken«.

Hans Werner Richter hat ein Tagebuch geführt, nicht nur zur Selbstvergewisserung, sondern auch für die Nachwelt. Aus Anlass des Selbstmords von Celan im April 1970 erinnert er sich noch einmal an die Vorgänge in Niendorf 1952, als er den unbekannten Dichter kennenlernt. Der 61-Jährige will sich und seine zukünftigen Leser glauben machen, Celan sei allein durch die Gruppe 47 bekannt geworden. Seine Lesung sei »sein erster großer Erfolg« gewesen. »Sein Aufstieg war, wie auch der Aufstieg Ingeborg Bachmanns kometenhaft.« Richter bezeichnet die beiden als »die eigentliche Entdeckung« der Tagung. »Nach der Lesung Celans beim Mittagessen hatte ich ganz nebenbei und ohne jede Absicht gesagt, dass die Stimme Celans mich an die Stimme Joseph Goebbels' erinnere. Da beide Eltern Celans von der SS umgebracht wurden, kam es zu einer dramatischen Auseinandersetzung.« Celan habe ihn dann in die Position eines Nationalsozialisten drängen wollen. »Ilse Aichinger und Ingeborg Bachmann weinten und baten mich unter wahren Tränenströmen, mich zu entschuldigen, was ich dann schließlich tat.«

Celan hat, trotz mehrerer Einladungen, an den Tagungen der Gruppe 47 nicht mehr teilgenommen. Das Befremden der anderen Autoren gegenüber seiner Person, die seine Geschichte nicht kannten, hat er mit Befremden aufgenommen. Lieber erschien er ihnen weiterhin fremd und ging seinen eigenen Weg, als dass er sich mit ihnen verbrüdert hätte. Immerhin wird bei der Lesung der Cheflektor der Deutschen Verlags-Anstalt auf ihn aufmerksam, die im Dezember *Mohn und Gedächtnis* publiziert, und Ernst Schnabel, der die Tagung gesponsert hat, veranstaltet später eine Lesung mit Celan im NWDR.

So schreibt Celan, gar nicht unzufrieden, an seinen »kleinen Engel«, Gisèle de Lestrange: »Ich habe in Hamburg eine kleine zwanzigminütige Sendung aufgenommen, die wir uns in Paris gemeinsam anhören können – das hat mir 400 DM eingebracht.« Man habe ihm auch weitere in Frankfurt und Stuttgart in Aussicht gestellt: »Dies wird uns vielleicht erlauben unseren Ehebund früher zu schließen, ma chérie, ich denke die ganze Zeit daran.«

Bachmann wird von Hans Werner Richter höchstpersönlich nach Hamburg gefahren, denn auch sie ist aufgefordert, Gedichte im NWDR zu lesen. Sie ist stolz auf ihren Erfolg, im darauffolgenden Jahr wird sie den Literaturpreis der Gruppe 47 für ihren Gedichtband *Die gestundete Zeit* erhalten, gleichzeitig ist sie aber auch tief getroffen von Celans herablassendem Verhalten. Er hat Andeutungen über die Beziehung zu einer anderen Frau gemacht und sie als Liebende gedemütigt.

Wieder in Wien wird sie Celan noch einige Briefe schreiben und ihm den Vorwurf machen, »dass Du mich besser verletzen konntest, als ich Dich je verletzte«, um dann zu klagen, »wie zermürbend es ist, auf Post« von ihm zu warten. Schließlich spricht sie über ihre Arbeit, fragt zum ersten Mal: »ob ich Dir etwas schicken darf? Vielleicht kannst Du mir dabei helfen.« Antwort erhält sie nicht. Außer dem Austausch von Widmungsexemplaren, er schickt im März 1953 *Mohn und Gedächtnis*, sie im Dezember *Die gestundete Zeit*, gibt es keinen Kontakt mehr zwischen den beiden Dichtern bis zum Oktober 1957, als sie sich anlässlich einer Tagung in Wuppertal wiedersehen und erneut heftig in einander verlieben.

8

»Es muss sehr schwierig sein, einen Dichter zu lieben, einen schönen Dichter. Ich fühle mich Deines Lebens, Deiner Dichtung, Deiner Liebe so unwürdig –«

Diese Zeilen schreibt Gisèle de Lestrange an Paul Celan, nachdem sie sich im November 1951 kennengelernt haben. Die 25-Jährige, die auf Fotos schüchtern wirkt, hat einen Traum: als Zeichnerin und Grafikerin für die Kunst zu leben. In ihren Augen hat Celan dieses Ziel erreicht; für sie ist er im vollkommenen Sinn Dichter. Sich ihm anzuschließen, sich mit ihm zu verbinden, scheint ihr die Erfüllung ihres Lebens.

Stärker noch als dieser Traum wirkt Celans Lebens- und Leidensgeschichte: Der vertriebene Ostjude aus Czernowitz, der alles verloren hat. Von ihm lässt sie sich eine unbekannte, fremde Welt zeigen. Von ihm wird sie wie eine Schülerin im Laufe der Ehe Deutsch lernen – zu

Anfang versteht sie nicht ein Wort seiner Muttersprache. Von ihm hört sie den Klang der Ortsnamen seiner Heimat, die ihr unbekannt sind. Von ihm erfährt sie Dinge über seinen Alltag, die so verschieden sind von ihrem wohlbehüteten, der weder Verfolgung, Drangsal noch Armut kennt.

Angst hat sie vor all dem Fremden, aber auch großen Respekt, dass er dieses Leben allein und ohne Schutz durchgestanden hat. Je mehr sie von seinem Leben in der Fremde erfährt, umso stärker wird ihr Wille, es in andere Bahnen zu lenken, ihn zu beschützen. »Ich fühle mich Deines Lebens so unwürdig«, mit diesen Worten unterbreitet Gisèle dem Geliebten ihre grenzenlose Opferbereitschaft. Wie Bachmann, von der sie nichts weiß, will sie seine Last auf ihre Schultern nehmen. »Ich möchte Dich gegen alle Boshaftigkeiten des Lebens beschützen können«, heißt es in einem frühen Brief; in einem anderen: »Ich habe immer Angst, dass Ihnen etwas zustößt«. Die Angst um diesen Menschen wird mit der Zeit immer größer werden und ihre Liebe sich in tiefes Mitleid verwandeln.

Jetzt aber ist Gisèle überglücklich: »Ich bin noch ganz nahe bei Dir, bei Deinen Liebkosungen, Deinen Augen, Deiner schönen Aufrichtigkeit und Deiner Liebe.« Am 23. Dezember 1952 heiratet Gisèle Celan gegen den Rat der Familie, von der sie behauptet, sie sei »nie wesentlich für sie« gewesen. Tatsächlich fühlt sie sich in ihrer konservativen, streng katholischen Familie fremd und ist unter vier Schwestern die Außenseiterin.

Celan hingegen ist stolz darauf, in eine Familie einzuheiraten, die zum alten Adel Frankreichs gehört. Der

Maler Kurt Moldovan, ein Bekannter von Celan, »meinte, nicht ohne Zynismus«, wie Brigitta Eisenreich in ihrem Erinnerungsbuch *Celans Kreidestern* schreibt, »dass eine Heirat mit einer Französin ihm die von allen heimatlosen Ausländern eifrig angestrebte Naturalisierung erleichtern würde.«

Celan scheint wie erlöst, er hat eine Frau gefunden, die ihn liebt und niemals seine Konkurrentin sein wird. Von ihr erwartet er Großes: Sie soll seinen Blick auf die Welt ändern, eine Welt, die bislang für ihn »unerbittliche Einsamkeit ist, die mich fortwährend dazu zwang, niederzureißen, was sich vor mir auftürmte, verbissen über mich selbst herzufallen«. Er wünscht sich Gisèle an seiner Seite als die »Leise«, die »Wahre«, die »Übersternte«. Die Vergangenheit will er hinter sich lassen: »Was ich bis dahin geliebt habe, habe ich geliebt, um Dich lieben zu können.«

Im Juli des nächsten Jahres verlässt das Paar – Gisèle ist schwanger – das beengte Hotelzimmer. Die reiche Familie de Lestrange stellt den beiden eine kleine Wohnung aus ihrem Besitz zur Verfügung. Die ersehnte Schwangerschaft verläuft normal, die Entbindung aber bringt Gisèle in Lebensgefahr, der gemeinsame Sohn stirbt 30 Stunden nach der Geburt. Erschüttert über den Tod des Erstgeborenen verfasst Celan im Oktober 1953 die *Grabschrift für François*:

Die beiden Türen der Welt
stehen offen:
geöffnet von dir
in der Zwienacht.

Wir hören sie schlagen und schlagen
und tragen das ungewisse,
und tragen das Grün in dein Immer.

Ob Celan aber den Schmerz seiner Frau teilt, ist nicht zu beantworten; denn der Erschütterte tut etwas Erschütterndes: Er geht zu seiner Geliebten. Die 24-jährige Österreicherin Brigitta hat er im Juni 1952 durch den Bruder, Herbert Eisenreich, kennengelernt. Man verbringt einen gemeinsamen Tag zu dritt, abends führt Celan durch Paris und erscheint der jungen Frau als »ein Verführer, mit einem feststehenden Repertorium an Zauberkünsten«.

In Zeiten größter Sehnsucht nach Gisèle zeigt sich Celan einer fremden Frau gegenüber als »Verführer«. Brigitta Eisenreich, die ihn danach einige Male im Hotel d'Orléans aufsucht, zieht sich sofort zurück, als Celan ihr, bei einem zufälligen Zusammentreffen in der Stadt, seine Verlobte Gisèle vorstellt.

Einen Monat vor der Entbindung, von der das Paar weiß, dass sie schwer werden wird – Gisèle hat bereits eine Fehlgeburt erlitten –, macht sich Celan abends auf den Weg. Ein paar Töne von Schuberts *Die Unvollendete* pfeifend, seine Erkennungsmelodie bei Frauen, mit denen er Affären hat, schlendert er durch die Straßen seines Wohnviertels. Unter dem Fenster von Brigitta macht er Halt. Noch in der selben Nacht beginnt eine Liebesbeziehung, die fast neun Jahre andauert. »Von allem Anfang an war mir klar, geradezu schlagartig, dass ich in etwas Schweres hineinging, dass es sich um keine Liebschaft der Art handeln konnte, deren Ort, Namen, Umstände, wenn ihre Zeit vorbei war, man leicht vergessen könnte«, schreibt Eisenreich.

Der »Beginn« der Leidenschaft fällt »in die Zeit der großen Leiderfahrung des Ehepaars Celan«, und Brigitta erfährt von all dem bei den täglichen Besuchen, die morgens früh oder abends stattfinden. Denn »auf Celans, zu diesem Zeitpunkt, zwangsläufig einsamen Wanderungen durch die Stadt, lag ihm meine Wohnstätte, wenn ich so sagen darf, gewissermaßen als Trost- und Haltestelle am Weg«.

Brigitta wird eine gelehrige Schülerin Celans, vor allen Dingen im Schweigen. Zu niemanden ein Wort, keine mündlichen und schriftlichen Liebesbezeugungen, kein Zeichen mit den Augen, wenn sie an dem in der Nachbarschaft wohnenden Ehepaar Celan vorbeigeht – und vor allem kein Verhältnis zu einem anderen Mann, Celan will ihr einziger sein. Auch Bachmann hatte in Wien versprochen, keine ernsthafte Beziehung zu einem anderen einzugehen, sie kommt in einem Brief darauf zurück.

Nun erhält Brigitta, nach Gisèle, ein Exemplar der zweiten Auflage von *Mohn und Gedächtnis*, nun wird mit ihr über einzelne Gedichtzeilen gesprochen. Jetzt lernt sie seine Gedichte auswendig, fängt an, eigene zu schreiben, die sie Celan schüchtern vorlegt. Er ermuntert sie, weiter an ihnen zu arbeiten, bis er ärgerlich über den Erfindungsreichtum ihrer Wortschöpfungen wird, die seinen so gleichen. Es gibt sogar eine stete Zusammenarbeit bei Übersetzungen, besonders eng ist sie bei den russischen Lyrikern Sergej Jessenin und Ossip Mandelstam. Erwähnt wird Brigitta Eisenreich im Impressum der Bücher nicht.

Auch ihr erzählt Celan von seinem Trauma, von der Ermordung seiner Eltern, seinem Schuldgefühl als Überlebender, von der Liebe zur Mutter, von seiner Verlassenheit und seinem »Dunkel«. Auch bei Brigitta, die aus einem streng katholischen Elternhaus kommt, löst er Schuldgefühle aus, die dazu führen, alles hinzunehmen, geduldig zu warten, von sich aus, nichts zu verlangen. An der Seite Celans wird sie, wie sie selbst sagt, nur eine »Schattenexistenz« führen.

Am 6. Juni 1955 wird Eric, der zweite Sohn Celans geboren, »wieder durch Kaiserschnitt, frühzeitig und schwierig« für Gisèle. Aber das Kind ist gesund und entwickelt sich normal. Das Glück der jungen Familie ist gesichert, die warmherzige und kluge Gisèle wird alles dafür tun. Ein paar Straßen entfernt wird eine andere Frau im Oktober des selben Jahres bemerken, dass sie schwanger ist. Dieses Kind wird nicht das Licht der Welt erblicken, auch keine Grabschrift bekommen. Brigitta reist für die Abtreibung ohne Begleitung nach Berlin, eine Freundin hat ihr eine Klinik genannt, die den illegalen Eingriff ausführen wird. Celan »verdingt« sich, wie er sagt, »als Übersetzer im Internationalen Arbeitsbüro in Genf«, um die hohen Kosten für die Operation übernehmen zu können. Er bleibt vier Monate in der Schweiz.

Brigitta kehrt alleine nach Paris zurück, die Mahnung des Chirurgen nicht vergessend, dass »der Fötus schon sehr weit entwickelt gewesen« sei und so etwas nicht wieder passieren dürfe. Lange wird sie brauchen, um »den Eingriff nicht als eine Verwundung aufzufassen, von der man nicht reden« kann.

Im neuen Jahr wird die Beziehung wieder aufgenommen.

Brigitta wechselt die Wohnung, jetzt dient nicht mehr das Pfeifen auf der Straße als Celans Erkennungsmelodie, sondern ein kleiner Kreidestern, den er auf eine Schiefertafel kritzelt, die an Brigittas Zimmertür befestigt ist. Die Tafel wird im Oktober 1957 schwarz bleiben, Celan ist nach Wuppertal zu einer Tagung gereist, auf der er Ingeborg Bachmann wiedertrifft. Die »unbeschwerte« Zeit der Liebe zwischen Brigitta und Celan ist damit vorbei, es beginnen die schweren Jahre.

Als Celan aus Deutschland zurückkommt, ist er fahrig und aufgelöst, stellt vielerlei Fragen, auch die, ob Brigitta lüge. Sein Verhalten ihr gegenüber beginnt sich zu verändern: Immer häufiger misstraut er ihr, unterstellt ihr Affären, bis hin zu der absurden und verworrenen Unterstellung, er sei vielleicht nicht der Erzeuger des Kindes gewesen, das sie mit seinem Geld abgetrieben hat. Dann wieder beschuldigt er sie, den aufkommenden Antisemitismus herunterzuspielen, wird schroff und handgreiflich und am Ende, im Jahr 1961, in seinem intimen Verlangen »fordernd und fast gewalttätig«. Die Geliebte beendet die Beziehung.

Interessant ist, was Brigitta Eisenreich in *Celans Kreidestern* plausibel nachweist, wie willkürlich Celan in dieser Zeit seine Gedichte abwandelt, je nachdem, welcher Frau er sie zukommen lässt. Er verlegt Orte und verändert Gegebenheiten. Der Ort des Gedichtes *Schuttkahn* ist ursprünglich die Seine, so für Eisenreich; in der Fassung *Schuttkahn II.* für Ingeborg Bachmann, mit der er sich nach der Wuppertaler Tagung in Köln getroffen hat, ist es der Rhein. Als Celan nach Paris zurückkehrt, wird der Ort wieder die Seine.

9

Unverhofft – nach fünfeinhalb Jahren – treffen sich Bachmann und Celan im Oktober 1957 bei der Tagung der Wuppertaler »Gesellschaft zur geistigen Erneuerung«, die kurz *Der Bund* genannt wird. Celan ist zum zweiten Mal in Wuppertal, trotzdem ist er nervös. Die öffentlichen Anschuldigungen Claire Golls, Celan sei ein »bloßer Plagiator«, der sich der Gedichte ihres Mannes Yvan Goll bedient habe, hat ihn tief verunsichert. In dieser Verfassung sieht er Ingeborg, die inzwischen nicht nur eine erfolgreiche Autorin und selbstbewusste Frau geworden ist, sondern ein Star der deutschsprachigen Literaturszene.

Ihre beiden Gedichtbände *Die gestundete Zeit* und *Anrufung des großen Bären* haben ein großes Publikum begeistert. Für weitere Popularität hat 1954 *Der Spiegel* gesorgt, indem er ihr Porträt – sie ist nicht kamerascheu – auf seiner Titelseite präsentierte. Die 28-Jährige mit kurzen Haaren, wachen Augen und großem, tiefrot geschminktem Mund ist zu einem Medienereignis geworden, das sich vielen Menschen eingeprägt hat, auch denen, die wenig an Lyrik interessiert sind. Die verschachtelte Titelgeschichte von Klaus Wagner, *Das Gedichtemachen aus dem Unbehaustsein und der Distanz*, spielte dabei eine geringere Rolle.

Bachmann hat zwischenzeitlich in Rom gelebt, für Radio Bremen und die *Westdeutsche Allgemeine Zeitung* als Romkorrespondentin gearbeitet, hat Auszeichnungen bekommen, auch den begehrten Literaturpreis der freien Hansestadt Bremen, ist im Sommer 1955 Stipendiatin der *Harvard Summer School* gewesen, hat in Cambridge Siegfried Unseld, ihren späteren Verleger, kennengelernt und pflegt eine Art Freundschaft mit dem Programmdirektor der *Summer School* Henry Kissinger. Kurz: Sie ist gefragt, vielfach beschäftigt, eine weltgewandte Frau.

Jetzt erscheint Celan diese Frau begehrenswert, ihre Aura unwiderstehlich. Der Mann, der sie in früheren Briefen »vor einem gewissen Erfolg« hat warnen wollen, ist nun von ihrem Erfolg und ihrem Auftreten elektrisiert. Noch in Wuppertal offenbart Celan Ingeborg seine Liebe, und es wird ein weiteres Treffen in Köln ausgemacht. Dort entsteht das Gedicht *Köln, Am Hof*, das mit dem Begriff »Herzzeit« beginnt und den Anfang einer ganzen Reihe von Liebesgedichten markiert, die Celan wie im Rausch schreibt. Als das Paar sich trennen muss, nimmt Celan der Geliebten das Versprechen ab, sie bei seinen zukünftigen Lesereisen in Deutschland besuchen zu dürfen.

Zurück in Paris, verfasst er täglich Gedichte für Ingeborg. Jetzt ist es ihm lebenswichtig, dass sie seine lyrische Stimme hört. »Lies, Ingeborg, lies«, ist das Gedicht *Weiß und Leicht* überschrieben, mit drängendem Aufruf: »Für Dich Ingeborg, für Dich –«. Aber Bachmann reagiert nicht. Verzweifelt beginnt Celan die gemeinsamen Gespräche in Wuppertal und Köln zu reflektieren: »Warum ich über all das gesprochen habe: um Dir jenes Gefühl der Schuld zu nehmen, das in Dir wach wurde, als die Welt mir fortsank. Um es Dir für immer zu nehmen.« Hier spricht Celan zum ersten Mal über die Schuldgefühle, die Ingeborg zeitlebens ihm gegenüber hat; nicht aber darüber, dass er sie ihr eingegeben und daraus seinen Nutzen gezogen hat. Zerknirscht gibt er zu: »Ach, ich bin so ungerecht gegen Dich gewesen, all diese Jahre.« Unmissverständlich macht er ihr deutlich, dass sie seine Muse ist: »Ein Wort von Dir – und ich kann leben.« Zurückblickend konstatiert er: »Du warst, als ich Dir begegnete, beides für mich: das Sinnliche UND das Geistige.« Jetzt nimmt er sie erstmals als Lyrikerin wahr: »Ich weiß auch, *endlich*, wie Deine Gedichte sind.« Früher war sie es, die Gespräche über seine Gedichte angeregt hat, nun fragt er nach ihren und freut sich über den Anblick ihrer beider Gedichtbände, die bei einem Freund Rücken an Rücken »nebeneinander« stehen.

Erst Ende Oktober kann sich Bachmann dazu überwinden, Celan zu antworten. Auf der einen Seite ist sie erschöpft von ihrer Arbeit als freie Dramaturgin beim Bayrischen Rundfunk, noch hat sie in München nicht Fuß gefasst, lebt im Hotel und wartet sehnlichst darauf, eine Wohnung beziehen zu können. Auf der anderen Seite weiß sie genau, was sie nicht will: die Ehe Celans gefährden. »Du darfst sie und Euer Kind nicht verlassen«, beschwört sie Celan. »Wenn ich an sie und das Kind denken muss – und ich werde immer daran denken müssen – werde ich Dich nicht umarmen können. Weiter weiß ich nichts.«

Unter den Gedichten, die Celan fast täglich an Bachmann schickt, sind auch erotische wie *In Mundhöhle* und *Allerseelen*. Letzteres beginnt mit den Zeilen: »Was hab ich / getan? / Die Nacht besamt, als könnt es / noch andere geben, nächtiger als / diese.« Als Brigitta und Gisèle die Gedichte lesen, reagieren sie verstört. Nun ist es für Celan nur noch ein Schritt, seiner Frau die Liebesaffäre mit Bachmann zu offenbaren und den Wunsch, mit ihr zu leben – zu diesem Zeitpunkt ist der geliebte Sohn Eric zwei Jahre alt.

Gisèle ist nach dem Geständnis bestürzt. Der Vorwurf ihres Mannes aber, er sei für sie von Anfang an nur ein »Notbehelf« gewesen – eine von Celans Verkehrungen der Wahrheit –, lässt sie verzweifeln. In ihrem Tagebuch notiert sie die Veränderungen in Celans Wesen, seine Unruhe, Haltlosigkeit, und sie bekommt zum ersten Mal Zweifel an seiner »schönen Aufrichtigkeit«. Als sie sich aber den Gedichten Bachmanns zuwendet, empfindet sie Sympathie für die Frau, die ihr vorgezogen wird.

Zwar zieht Celan Anfang November noch mit seiner Familie in die erste eigene Wohnung, eine Vier-Zimmer-Eigentumswohnung, die von dem Erbe bezahlt wird, das Gisèles Mutter 1954 an ihre Kinder verteilt hat, als sie das Armutsgelübde ablegte und in ein Kloster ging. Mit seinen Gedanken aber ist er schon bei Bachmann, die er vom 7. bis zum 9. Dezember in München besucht und ihr nachträglich 23 Gedichte aus *Mohn und Gedächtnis*, einzeln mit Kürzeln versehen, widmet.

Es folgen weitere kurze Besuche, die Gisèle nun »still« hinnimmt, bis Ingeborg Bachmann schließlich im Juni 1958 selbst nach Paris reist, um klärende Gespräche mit Celan zu führen. Nach stundenlangen, quälenden Aussprachen, die auch in der neuen Wohnung stattfinden, in der Bachmann mit Gisèle zusammentrifft, sind Celan und Bachmann bereit, am 2. Juli die Liebesbeziehung zu beenden.

Für Gisèle aber beginnt erst jetzt die Leidenszeit in ihrer Ehe. Bald wird Celan ihr auch von dem Verhältnis zu

Brigitta erzählen und die Frauen dazu drängen, sich kennenzulernen. Es finden zwei Begegnungen statt, bei denen Gisèle und Brigitta fast stumm vor Kummer an einem Tisch sitzen.

10

Ingeborg Bachmann beginnt am 3. Juli, einen Tag nach ihrer Trennung von Celan, eine neue Liebesbeziehung: mit Max Frisch. Die hält sie erst einmal vor Celan geheim. Vier Monate später, im Oktober, von Zweifeln geplagt, erklärt sie sich: Sie schreibt von gemeinsamen Zukunftsplänen, aber auch von ihrer Angst vor dem Zusammenleben mit Frisch. Nur Celan kann sie sich in dieser Zeit offenbaren: »Ich glaube, ich darf Dir das sagen, wir wissen es doch, – dass es für uns fast unmöglich« ist, »mit einem anderen Menschen zu leben.«

Bachmann, die ihm schon als junges Mädchen gesagt hat: »Du weißt ja, dass ich immer alles ganz genau wissen will«, ist auf starke Weise selbstreflektiert. Bis zu ihrem bitteren Ende durchdenkt sie alles, erspart sich nichts und ihre Befürchtungen in Bezug auf das Zusammenleben werden sich schnell bewahrheiten. Der gemeinsame Alltag wird schon nach kurzer Zeit für Frisch und sie unerträglich. Man hemmt sich gegenseitig beim Schreiben, ist sich der Liebe des anderen nie ganz sicher, hat in ihm vielleicht doch nur ›eine Trophäe‹ gesehen. Obwohl Frisch und Bachmann vier Jahre miteinander liiert sind, gibt es bezeichnenderweise kein Foto von ihnen, auf dem sie gemeinsam zu sehen sind.

Der Tablettenkonsum, an den Bachmann seit Jahren gewöhnt ist, steigt, ihre Kreativität schwindet, sie will nur noch schlafen. An ihre Freundin Ilse Aichinger schreibt sie: »Ich habe gedacht und gedacht in der letzten Zeit und ich komme zu keinem Ende vor Bestürzung, stelle mir alle Fragen neu, überhaupt Fragen, die ich mir nie oder nur undeutlich gestellt habe. Eine Vorarbeit, die mich nicht zur Arbeit kommen lässt, und dazu die Flucht in den Schlaf.«

Während Bachmann mit sich und um ihre Schaffenskraft ringt, werden die Briefe Celans immer fordernder. Sie solle endlich Stellung beziehen gegen den allgegenwärtigen Antisemitismus, der ihm entgegenschlägt, wie er fest überzeugt ist: bei Lesungen, in Rezensionen, im Umgang mit Freunden, bei denen er nun »Lüge und Niedertracht« zu finden meint. Bachmann lässt sich bis zu einem gewissen Grad auf seine Weltsicht ein und bestätigt, dass das Böse »nicht aus der Welt zu schaffen ist«. Um dann zu entgegnen: »Aber Du bist da und hast Deine Wirkung und die Gedichte wirken für sich und beschützen Dich mit – das ist die Antwort und ein Gegengewicht in der Welt.«

Schon bei den Anschuldigungen Claire Golls, die Celan weiterhin zu schaffen machen, hat Bachmann ihn dringend gebeten: »Lass die Geschichten in Dir zugrunde gehen«, dann »meine ich, gehen sie auch außen zugrund. Mir ist oft, als können die Verfolgungen« uns nur etwas anhaben, »solange wir bereit sind, uns verfolgen zu lassen.«

Als Bachmann für die neu eingerichtete Poetikdozentur an der Goethe-Universität in Frankfurt ausgewählt wird, glaubt sie wieder, es Celan schuldig zu sein, seine Werke in den Mittelpunkt ihrer Vorlesungen zu stellen. Sie macht die Studenten auf die *Todesfuge* und auf seinen jüngsten Gedichtband *Sprachgitter* aufmerksam. Celan reagiert auf ihre Dozentur, von der er aus der Zeitung erfährt, hochmütig: »Vielleicht ists doch richtig, dass Du die Frankfurter Dozentur angenommen hast – wir sind ja schon alle tief im Kompromiss.« Hinter männlicher Herablassung verbirgt er, dass ihm die intellektuellen und analytischen Fähigkeiten fehlen, um selbst Vorlesungen dieser Qualität halten zu können.

Immer häufiger finden sich in Celans Briefen, wenn er nicht andere anklagt, nun Zeilen wie diese: »Ich bin, obwohl ich die Jeune Parque übersetzt habe, wieder ganz zerfallen mit mir und mit allem, was soll das Schreiben – und was soll der, der sich ins Schreiben hineingelebt hat?« Als er Bachmann seine Übersetzungen von Ossip Mandelstam ankündigt, ist er nicht hochgestimmt wie in früheren Zeiten, wenn er ein Buch herausbrachte. Nun glaubt er, »so schlechte Erfahrungen gemacht« zu haben, »dass ich mir nicht viel von seinem Buch-Dasein verspreche. (Ich bin übrigens auch sonst wieder im Finstern.)«

In regelrechte Verzweiflung gerät Celan, als er die Rezension über seinen Gedichtband *Sprachgitter* von Günter Blöcker zur Kenntnis nehmen muss, die am 11. Oktober 1959 im Berliner *Tagesspiegel* erscheint. Er ist sich sicher, dass dieser Text ihn persönlich als Jude diffamiert, um dann seine Gedichte herabzuwürdigen. Celan fertigt Kopien der Rezension an, die er an Freunde schickt, darunter natürlich auch an Bachmann und Frisch.

Es kommt zu fürchterlichen Verwicklungen. Frisch antwortet vor Bachmann. Er ist sich bewusst, dass er auf die Sache nicht so reagieren kann, »wie Sie es erwarten«. Erst die sechste Fassung seines Briefes, in der er Celan zu beruhigen, seinen Verdacht abzuschwächen versucht, schickt er ab. Bachmann meldet sich dann einen Monat später, relativiert ebenfalls Celans Befürchtung, in dem sie Günter Blöcker als einen Rezensenten darstellt, der »manchmal aufs Geratewohl und aufs Leichtfertigste beleidigen« könne. Auch ihren zweiten Gedichtband habe er in dieser Art verrissen. Ob allerdings bei Blöcker »Antisemitismus der Grund ist« für die kritische Rezension, bezweifelt Bachmann ebenso wie Frisch. Celan empfindet beide Reaktionen als Verrat.

Während Frisch seine Argumente klug und umsichtig vorbringt, ohne sich zu stark emotional auf den Konflikt einzulassen, leidet die frühere Geliebte Ingeborg: Zu genau kennt sie Celans leichte Verletzbarkeit. Er ist jetzt so aufgebracht, dass er sich jeden weiteren Kontakt verbittet. Er droht sogar: »Versetzt mich nicht in die Lage, Euch Eure Briefe zurückzuschicken!« Noch einmal versucht Bachmann auszugleichen. Doch dann, als die Schwierigkeiten mit Celan auch ihre Beziehung zu Max Frisch belasten, gibt sie auf. Anfang 1960 schreibt sie aus Zürich: »nach allem, was geschehen ist, glaube ich, dass es für uns kein Weiter mehr gibt. Es ist mir nicht mehr möglich.«

Die »Herzzeit« ist beendet. Es beginnt die Zeit des Misstrauens und des Hasses. »Ingeborg, wo bist Du?«, fragt Celan empört. »Da kommt so ein Blöcker daher, kommt ein Grabschänder, ich schreibe Dir, in der Verzweiflung, und Du hast kein Wort und keine Silbe für mich übrig, du fährst zu Literaturtagungen.« Neid und Missgunst lösen Celans Liebe ab, die doch für Bachmann noch so gegenwärtig ist in seinen Gedichten.

Die Veränderungen im Verhalten Celans, die schon Ende der Fünzigerjahre für Brigitta Eisenreich und Gisèle schmerzhaft zutage treten, drängen sich in den Sechzigerjahren immer stärker in den Vordergrund. Celan verliert Freund um Freund. Mit Böll und Andersch, mit Grass und René Char überwirft er sich, sogar der sanftmütigen Nelly Sachs, mit der ihn eine enge Brieffreundschaft verbindet, sagt er Schlechtes nach.

Am Ende weiß sich auch Klaus Demus, den Celan »Bruder« und »einziger Freund« nennt, nicht mehr zu helfen und schreibt im Juni 1962: »Wenn Du mich lieb gehabt hast in so vielen Jahren, wie ichs ja weiß, wenn Du meine Liebe gespürt hast: dann gib diesem Brief, dem schwersten meines Lebens, so viel Gehör als Du kannst. Ich habe Dir das Äußerste, das Allerletzte zu sagen. Alles hängt davon ab, dass Du mir glaubst. Was ich zu sagen habe, kannst Du mir wohl nicht glauben – es geschähe denn ein Wunder: weil diese winzigste Chance besteht, die letzte und äußerste, die meiner Freundschaft zu Dir aufgegeben ist, habe ich es zu sagen. Paul, ich habe den entsetzlichen ganz gewissen Verdacht, dass Du an Paranoia erkrankt bist.«

Celans Tage werden einsam und düster. Seine Gedichte verlieren immer mehr den Gegenstand, entziehen sich mehr und mehr dem unmittelbaren Verständnis, sie sind ohne gezielte Hinweise durch den Autor kaum noch zu entschlüsseln. Da Celan es in fast allen Fällen ablehnt, das eigene Werk zu erklären, werden seine Gedichte nur noch von wenigen Menschen gelesen. Auch als Autor gerät er in die Isolation.

Von wahnhaften Vorstellungen getrieben, wird er versuchen, seine Frau und seinen Sohn mit einem Messer zu töten; er wird versuchen, sich selbst mit dem Messer zu töten und sich dabei schwer verletzen; er wird Menschen angreifen, die ihm unbekannt sind; er wird als Patient das Leid der geschlossenen psychiatrischen Abteilungen erfahren, er wird sein Leben im April 1970 beenden. Er »vertraut« sich den Fluten der Seine an, die er in seinen Gedichten gepriesen hat.

Und er wird noch einmal als allmächtiger Autor die tatsächlichen Verhältnisse verkehren: Über die Frau, die ihm treu bleibt bis über den Tod hinaus, über Gisèle, wird er die Gedichtzeile schreiben: »Zur Rechten – wer? Die Tödin.« Er wird lyrisch behaupten: »Du warst mein Tod.« Und grausam am Ende hinzufügen: »ich tauche dorthin / und gieß eine Urnevoll / in dich hinunter / hinein.«

11

Nach vier Jahren, von denen nur eineinhalb Jahre erträglich waren, wie Bachmann bitter feststellt, wendet sich Max Frisch im Sommer 1962 einer anderen Frau zu. Als Ingeborg zur Kenntnis nehmen muss, dass er ihr eine 23-jährige Studentin vorzieht, fühlt sie sich »tödlich verletzt« und gesteht ihrem Freund Hans Werner Henze, »dass diese Trennung die größte Niederlage meines Lebens bedeutet«. Nach der Trennung sei es ihr so schlecht gegangen, dass sie versucht habe, sich umzubringen, und daraufhin zwei Monate in eine Klinik musste.

Der Freund, der Einzige, mit dem sie eine Zeit lang in Italien zusammen gelebt und gearbeitet hat – ohne Liebesbeziehung –, kommt sofort in die Schweiz und fährt mit ihr nach Italien, um sie abzulenken, was ihm gelingt. Als Bachmann aber den Roman von Max Frisch *Mein Name sei Gantenbein* liest und sich in der Figur »Lila« wiedererkennt, brechen ihre Wunden wieder auf. Sie glaubt, ihre private Beziehung sei nun vor aller Welt preisgegeben. In einem Brief an Frisch vom November 1963 wehrt sie sich heftig gegen diese Entblößung.

Ingeborg Bachmann ist der Liebe bedürftig. Produktiv arbeiten kann sie nur, wenn sie sich ihrer sicher ist. Je mehr ihr aber die Liebe und das Geliebtwerden abhanden kommen, umso mehr entfernt sie sich von der existenziellen Bejahung des Lebens. Der unbedingte Wille, nach den Katastrophen des Zweiten Weltkriegs, an der Menschwerdung des Menschen mitzuwirken, gehört der Vergangenheit an. Jetzt nimmt sie die Beschäftigung mit der Zerstörung des Menschen durch den Menschen ganz in Anspruch. Eine entscheidende Veränderung in ihrer Person vollzieht sich: Sie glaubt, überall von dem »Virus Verbrechen« umgeben zu sein, das »nach 20 Jahren nicht weniger wirksam ist als zu der Zeit, in der Mord an der Tagesordnung war«. Das innere Drama Bachmanns, von dem wir wenig wissen, hat seine äußere Ursache gefunden: das Erbe von Auschwitz.

In der NS-Diktatur durfte es allein die heroische Liebe geben, die sich sterbend für das Vaterland aufopfert.

Liebe, in einem humanen und umfassenden Sinn, wurde den Menschen ausgetrieben. Und da sich in Bachmanns Augen die Gesellschaft nicht wirklich verändert hat – sie setzt sich politisch gegen eine Verjährungsfrist von Nazi-Verbrechen ein –, gehen die »Ungeheuer«, die Männer, weiterhin ihrem zerstörerischen Werk nach. Bachmanns Welt besteht jetzt nur noch aus männlichen Tätern und weiblichen Opfern.

Die zehn Jahre, die der Autorin noch bleiben, sind überschattet von tiefen körperlichen und seelischen Krisen. Es fällt ihr immer schwerer, dem Bild, das sie von sich als Frau geschaffen hat, zu entsprechen: Das Bild der begehrenswerten, begabten und sensiblen Frau, das nicht nur für die Öffentlichkeit bestimmt gewesen ist, sondern an dem sie selbst lange Zeit Gefallen hatte.

Viele Dinge haben sich verändert: Die Exponiertheit ihrer Person, die sie als junge Autorin so genossen hat, macht ihr nun Angst. Wie soll sie auftreten, was von sich preisgeben? Verwirrend sind auch ihre widersprüchlichen Bedürfnisse: Selbstbestimmt will sie sein, sich aber gleichzeitig dem Mann unterwerfen; Charakterstärke will sie zeigen, fühlt sich aber immer öfter hilflos; nach ihrer eigenen Maxime »Die Wahrheit ist dem Menschen zumutbar« will sie leben, ist aber mehr und mehr auf »die Gnade Morphium« angewiesen, um wenigstens in den Stunden des Rausches ihre Angst zu vergessen.

Dem Frauenbild der Nationalsozialisten hat sie nie entsprechen wollen, noch weniger dem der Nachkriegszeit. Den Ansprüchen der »Herren Erzieher« hat sie als junges Mädchen in Klagenfurt getrotzt, ist ihren eigenen gefahrvollen Weg gegangen. Bis zu ihrem Ende wird sie dem

Frauenbild von Männern misstrauen und es gleichzeitig zu erfüllen versuchen wie kaum eine andere Autorin ihrer Generation. Jetzt kränkt es sie, als Frau zu altern, als Frau alleine zu sein, von jüngeren verdrängt. Weibliche Kränkungen, von denen sie geglaubt hat, ihr würden sie erspart bleiben, verdüstern ihre Tage.

In dieser Verfassung wendet sie sich literarisch den schrecklichsten Themen zu. Erste Gedanken zu ihrem Romanprojekt *Todesarten* macht sie sich nicht zufällig während eines Entzuges in einer Berliner Klinik. Sie denkt an einen Roman, in dem alltägliche Verbrechen von Männern an Frauen zur Sprache kommen sollen. Verbrechen, »die wir kaum wahrnehmen und begreifen«, die verübt werden, ohne dass sich die Polizei einschaltet oder sich die Gesellschaft empört.

Doch bald scheint es Bachmann zwingend, eine »Studie aller möglichen Todesarten« zu verfassen, viele Arten männlicher Gewalt abzubilden. Sie denkt an einen Zyklus, der aus verschiedenen, eigenständigen Romanen zusammengesetzt ist. Das groß angelegte Projekt stellt sie als Autorin allerdings vor eine schwere Aufgabe, die von Konzeptionsänderungen, Abbrüchen und Neuanfängen gekennzeichnet ist. Es entstehen einzelne Kapitel, Fragmente, ausgearbeitete Teile von Romanen wie *Das Buch Franza* und *Requiem für Fanny Goldmann*, die aber wieder aufgegeben werden.

Schließlich kommt im März 1971 – zwei Jahre vor ihrem Tod – der Roman *Malina* heraus; er bleibt der erste und einzige ihres groß angelegten *Todesarten*-Projekts. Bei der Lektüre ahnt man, wie rettungslos Bachmann in ein Dunkel geraten ist, das einem nicht enden wollenden

Alptraum gleicht. Marcel Reich-Ranicki, der viel zum Ruhm der Lyrikerin Bachmann beigetragen hat, liest *Malina* als »poetischen Krankheitsbericht, als das Psychogramm eines schweren Leidens«. Sie selbst bezeichnet den Roman als »eine geistige, imaginäre Autobiografie«, die in langen Monologen über die »Nachtexistenz« eines weiblichen Ichs Auskunft gibt. Gefragt vom fiktiven Verleger, was für ein Buch das »Ich« schreibe, schreit es heraus: »Ein Buch über die Hölle.«

Malina führt den Leser in eine Welt, in der es keine Vernunft, keine Humanität und keine Hoffnung gibt. Das weibliche Ich wird von Männern, vom »Vater«, beherrscht und geht am Ende an männlicher Gewalttätigkeit zugrunde. Der namenlose Vater ist Mörder, Folterer, Vergewaltiger und SS-Scherge; sein Wunsch ist es, die eigene Tochter umzubringen und sie auf dem »Friedhof der ermordeten Töchter« zu begraben.

Eine ähnliche Konstruktion hat die Lyrikerin Sylvia Plath in dem posthum veröffentlichten Gedicht *Daddy* gewählt, das eines ihrer bekanntesten ist. Sie stellt ihren Vater als SS-Schergen dar, der er nie war. Die letzte Zeile lautet: »Papi, Papi, du Drecksstück, zwischen uns ist es aus.« Man kann das Gedicht als einen Befreiungsschlag gegen den imaginären Vater lesen, der seine Tochter lockt, ihm ins Totenreich zu folgen. Wie bei Schwarzer Magie beschwört die Autorin seine allmächtige Person erst herauf, um sie dann zu überwinden.

In einem anderen berühmten Gedicht, *Madame Lazarus*, schlüpft Plath in die Haut einer Jüdin, die in einem KZ zerlegt wird wie ein Schlachttier. Schockierend ist die Aufzählung der Körperteile, die zu Gegenständen verarbeitet werden, mit denen gerade eine Schriftstellerin täglich umgeht. Ihre »Haut« wird zu einem »Nazi-Lampenschirm«, ihr »rechter Fuß ein Briefbeschwerer«. Plath hat sich als Überlebende empfunden und sich deshalb als Jüdin gesehen.

Ingeborg Bachmann geht in dem zweiten Teil *Der dritte Mann*, der das Zentrum ihres Romans *Malina* bildet, einen ganz ähnlichen Weg. Da sie davon überzeugt ist, dass die »Massaker« der Nationalsozialisten zwar vorbei, aber »die Mörder noch unter uns« sind, folgert sie, »dass noch heute sehr viele Menschen nicht sterben, sondern ermordet werden«. Bachmann bringt die Leiden ihrer Figuren »mit den Opfern des NS-Regimes in Verbindung«, wie Sabina Kienlechner feststellt. Material zu diesem grausamen Thema lässt sie sich von ihrem Verleger Klaus Piper schicken, der ihr eine Liste mit »Literatur zu medizinischen Versuchen an weiblichen Häftlingen des Dritten Reiches« zusammenstellt.

Immer wieder wird Bachmann vor Lesungen aus dem Buch *Malina* ihre Zuhörerinnen mit einem Satz einschwören: »man wehrt sich nicht im Gas«. Wie Celan verkehrt auch sie als allmächtige Autorin die tatsächlichen Verhältnisse. Sie spricht nicht von der langsamen und schmerzhaften Aufarbeitung der Nazi-Verbrechen, die am 20. November 1945 mit dem »Nürnberger Prozess« ihren Anfang nimmt und 1961 mit dem spektakulären gegen Adolf Eichmann in Jerusalem weltweites Interesse erregt. Sie macht die Leser glauben, es herrschten in der Welt unverändert die Verhältnisse von Auschwitz, als sei die Erde »das größte Konzentrationslager der Welt«.

Nicht nur thematisch nähert sich Ingeborg Bachmann

in ihrer Prosa dem Werk Paul Celans an. Sie gibt auch seiner Person, nachdem sie von seinem Tod erfährt, als Figur einen Raum. In ihrem Roman *Malina* verklärt sie ihn märchenhaft und in der Erzählung *Drei Wege zum See* konstruiert sie zwischen der Protagonistin Elisabeth und dem Geliebten Trotta eine Art Beziehung, die ihre zu Celan widerspiegeln könnte. »Trotta« war, »nach mehr als zwei Jahrzehnten« noch einmal »die große Liebe, die unfasslichste, schwierigste zugleich, von Missverständnissen, Streiten, Aneinandervorbeisprechen, Misstrauen belastet«. Aber nur er vermag es, sie »zum Bewusstsein vieler Dinge« zu bringen, und das hat mit »seiner Herkunft« zu tun. Er, als ein »wirklich Exilierter und Verlorener« habe sie, »eine Abenteurerin, die sich weiß Gott was für ihr Leben von der Welt erhoffte, in eine Exilierte« verwandelt. Weil er sie, »erst nach seinem Tod, langsam mit sich zog in den Untergang, sie den Wundern entfremdete und ihr die Fremde als Bestimmung erkennen ließ.«

12

Der Freund Hans Werner Henze wird über Ingeborg Bachmanns innere Verfassung der letzten Jahre sagen: »Es schmerzte sie alles, das Leben, die Menschen, die Zeit.« Wie oft hatte er sie aus dem Bett holen, zur Arbeit überreden und trösten müssen, wenn ihr wieder ein Liebesunglück geschehen war. Von ihrem »alten starken Mut« war nun nichts mehr geblieben. Ihre Überzeugung, dass »unsere Kraft weiter reicht als unser Unglück«, konnte sie nicht mehr aufrechterhalten.

Im Sommer 1973 ist sich Bachmann ihrer aussichtslosen Lage in Rom bewusst: ihrer Einsamkeit, ihrer Drogenabhängigkeit. Sie benötigt Hilfe. Sie weiß das. Ihre Freundin Christine Koschel hat sich bereit erklärt, sie am 27. September 1973 zu einem Kuraufenthalt nach Bad Gastein zu begleiten, der hauptsächlich einem Entzug dienen soll.

Doch dazu kommt es nicht. In der Nacht vom 25. auf den 26. September zieht sich Ingeborg Bachmann in ihrer römischen Wohnung schwere Brandverletzungen zu, die von einer brennenden Zigarette verursacht werden. Vielleicht ist sie während des Rauchens im Bett eingeschlafen, oder sie ist, wie der behandelnde Arzt im Krankenhaus von den Brandmalen her schließt, während des Rauchens ohnmächtig geworden. Aus dem brennenden Nylonnachthemd kann sie sich zwar noch selbst befreien, danach die befreundete Haushaltshilfe Maria Teofili anrufen, die umgehend kommt und Bachmann in einem schrecklichen Zustand vorfindet.

In Folge der schon seit über einem Jahrzehnt bestehender Abhängigkeit von Beruhigungsmitteln, von der die behandelnden Ärzte zunächst nichts wissen, stirbt Ingeborg Bachmann im Alter von 47 Jahren am 17. Oktober 1973 im Krankenhaus Sant'Eugenio. Entzugserscheinungen, die ähnlich wie epileptische Anfälle im Gehirn ablaufen und es schädigen, verursachen ihren Tod.

Bachmanns Schwester Isolde, die sich bald nach dem Unfall im Krankenhaus einfindet, besteht darauf, dass weder den Journalisten noch den Polizisten, die in ungeklärten Todesfällen ermitteln müssen, etwas von der Psychopharmaka-Abhängigkeit ihrer berühmten Schwester gesagt wird. So ringt sich auch Christine Koschel dazu durch, auf dem Revier die Unwahrheit zu sagen. Im Nachhinein glaubt Koschel, habe »die protokollierte Lüge zur unaufhaltsamen Mythenbildung« beigetragen. »Nicht die schwere Tablettensucht, sondern der Brandunfall gab Anlass, über Ingeborg Bachmanns Tod zu spekulieren.« Heute noch wird von Bachmanns »Flammentod« gesprochen, diese Todesart scheint nicht nur der Presse sehr entgegenzukommen, in dem Bedürfnis, Sensationen und das Bild einer sich in Flammen verzehrenden Dichterin zu verbreiten.

Ingeborg Bachmann wird von ihrer Familie am 25. Oktober in Klagenfurt beigesetzt. Sie wäre, wie ihre Freunde wissen, lieber auf dem protestantischen Friedhof an der Cestius-Pyramide in Rom begraben worden. Auch über ihre klare Anweisung, ihre Gedichte aus dem Nachlass nicht der Öffentlichkeit zugänglich zu machen, setzen sich ihre beiden Geschwister hinweg. *Ich weiß keine bessere Welt* erscheint im Jahr 2000 und eröffnet dem Leser noch einmal einen tieferen Einblick in das Denken und Fühlen Bachmanns.

Selbstreflektierend bis zuletzt, weiß sie: »Ich hatte alles, und habe alles / verloren, zuerst das Maß, / ich ging über mich hinaus / und hinaus über alles.«

Ob Ingeborg Bachmanns große und einzige Liebe Paul Celan war, wie es überall heißt, ist fraglich. Sicher aber hat sie den Gedanken geliebt: den Schwachen zu stärken, dem Ausgegrenzten die Grenze zu öffnen und den Verlorenen heimzuholen.

Anlass ihres Handelns und Schreibens war: zur Menschwerdung der Menschheit beizutragen. Sie hat die Last einer ganzen Generation auf ihre Schultern nehmen wollen und ist unter ihr zusammengebrochen. Ihren ›Gesängen‹ aber kann das nichts anhaben.

Die Liebe hat einen Triumph und der Tod hat einen,
die Zeit und die Zeit danach.
Wir haben keinen.
Nur Sinken um uns von Gestirnen, Abglanz und Schweigen.
Doch das Lied überm Staub danach
wird uns übersteigen.

Literaturnachweise

Es werden nur Werke genannt, die für das Thema des Buches wichtig sind. Angeführt wird Sekundärliteratur, aus der zitiert wurde oder auf deren Darstellung es sich stützt. Es gibt keine Vollständigkeit der Angaben, mit Rücksicht auf den ansonsten zu großen Umfang. Werke, Briefe und Tagebücher sind in den verwendeten Ausgaben angegeben.

Zu Milena Jesenská und Franz Kafka

Begley, Louis: *Die ungeheure Welt, die ich im Kopf habe. Über Franz Kafka*. Aus dem Englischen von Christa Krüger. München, Deutsche Verlags-Anstalt, 2008.

Buber-Neumann, Margarete: *Milena, Kafkas Freundin*. München, Albert Langen – Georg Müller Verlag, 1977.

Canetti, Elias: *Der andere Prozess: Kafkas Briefe an Felice*. München, Carl Hanser Verlag, 1984.

Friedländer, Saul: *Franz Kafka*. Aus dem Englischen übersetzt von Martin Pfeiffer. München, Verlag C. H. Beck, 2012.

Haas, Willy: *Die literarische Welt. Erinnerungen*. München, List, 1957.

Ich hätte zu antworten tage- und nächtelang. Die Briefe von Milena. Herausgegeben von Alena Wagnerová. Mannheim, Bollmann Verlag, 1996.

Kafka, Franz: *Briefe an Milena*. Erweiterte und neu geordnete Ausgabe. Herausgegeben von Jürgen Born und Michael Müller. Frankfurt am Main, S. Fischer Verlag, 1983.

Kafka, Franz: *Briefe an Felice*. Herausgegeben von Erich Heller und Jürgen Born. Mit einer Einleitung von Erich Heller. Frankfurt am Main, S. Fischer Verlag, 1967.

Lamping, Dieter: *Kafka und die Folgen*. Stuttgart, Metzler Verlag, 2017.

Lamping, Dieter: *Kafka und Goethe. Die Geschichte einer Entfernung*. Aus: *Goethe-Jahrbuch*, 135. Band der Gesamtfolge, 2018, Seite 146–158. Göttingen, Wallstein Verlag, 2019.

Wagnerová, Alena: *Milena Jesenská*. Biographie. Frankfurt am Main, S. Fischer Verlag, 1997.

Zu Olga Iwinskaja und Boris Pasternak

Asadowskij, Konstantin M.; Pasternak, Jewgenij; Pasternak, Jelena (Hrsg.): *Briefwechsel. Rilke, Zwetajewa, Pasternak*. Aus dem Russischen übersetzt von Heddy Pross-Weerth. Frankfurt am Main und Leipzig, Insel Verlag, 1996.

Aucouturier, Michel: *Pasternak*. Reinbek bei Hamburg, Rowohlt Verlag, 1965.

Dalos, György: *Olga – Pasternaks letzte Liebe. Fast ein Roman*. Deutsche Bearbeitung von Elsbeth Zylla. Hamburg, Europäische Verlagsanstalt/Rotbuch Verlag, 1999.

Iwinskaja, Olga: *Lara: Meine Zeit mit Pasternak*. Aus dem Russischen übersetzt und eingeleitet von Heddy Pross-Weerth. Hamburg, Hoffmann und Campe, 1978.

Mierau, Fritz (Hrsg.): *Boris Pasternak. Gedichte und Poeme*. Berlin, Aufbau-Verlag, 1996.

Pasternak, Boris: *Doktor Schiwago*. Aus dem Russischen von Reinhold von Walter. Die Geschichte des Jurij Schiwago übersetzte Rolf-Dietrich Keil. Frankfurt am Main, S. Fischer Verlag, 1958.

Tagore, Rabindranath: *Flüstern der Seele.* Aus dem englischen Manuskript übertragen von Helene Meyer-Franck. München, Kurt Wolff Verlag, 1921.
Thun, Franziska (Hrsg.): *Erinnerungen an Boris Pasternak.* Berlin, Aufbau-Verlag, 1994.

Zu Ingeborg Bachmann und Paul Celan

Bachmann, Ingeborg: *Malina.* Frankfurt am Main, Suhrkamp Verlag, 1971.
Bachmann, Ingeborg und Celan, Paul: *Herzzeit – Der Briefwechsel.* Herausgegeben und kommentiert von Bertrand Badiou, Hans Höller, Andrea Stoll und Barbara Wiedemann. Frankfurt am Main, Suhrkamp Verlag, 2008.
Bachmann, Ingeborg: *Kriegstagebuch. Mit Briefen von Jack Hamesh.* Herausgegeben und mit einem Nachwort von Hans Höller. Berlin, Suhrkamp Verlag, 2010.
Bachmann, Ingeborg: *Ich weiß keine bessere Welt.* München, Piper Verlag, 2000.
Ingeborg Bachmann. *Werke.* Herausgegeben von Christine Koschel, Inge von Weidenbaum und Clemens Münster. München, Piper Verlag, 1978.
Böttiger, Helmut: *Wir sagen uns Dunkles. Die Liebesgeschichte zwischen Ingeborg Bachmann und Paul Celan.* München, Deutsche Verlags-Anstalt, 2017.
Celan, Paul: *Die Gedichte.* Kommentierte Gesamtausgabe in einem Band. Herausgegeben und kommentiert von Barbara Wiedemann, Frankfurt am Main, Suhrkamp Verlag, 2003.
Eisenreich, Brigitta: *Celans Kreidestern. Ein Bericht.* Berlin, Suhrkamp Verlag, 2010.

Hartwig, Ina: *Wer war Ingeborg Bachmann? Eine Biographie in Bruchstücken*. Frankfurt am Main, S. Fischer Verlag, 2017.

Höller, Hans: *Ingeborg Bachmann*. Reinbek bei Hamburg, Rowohlt Verlag, 1999.

Johnson, Uwe: *Eine Reise nach Klagenfurt*. Frankfurt am Main, Suhrkamp Verlag, 1974.

Kienlechner, Sabina: *Dichter in der deutschen Wüste. Was Ingeborg Bachmann in Berlin sah und hörte*. In: *Sinn und Form*. Heft 2/2000, Seite 195–212.

Lamping, Dieter: *Von Kafka bis Celan. Jüdischer Diskurs in der deutschen Literatur des 20. Jahrhunderts*. Göttingen, Vandenhoeck & Ruprecht Verlag, 1998.

Paul Celan – Gisèle Celan-Lestrange. Briefwechsel. Mit einer Auswahl von Briefen Paul Celans an seinen Sohn Eric. Aus dem Französischen von Eugen Helmlé, herausgegeben und kommentiert von Bertrand Badiou in Verbindung mit Eric Celan, Anmerkungen übersetzt und für die deutsche Ausgabe eingerichtet von Barbara Wiedemann. Frankfurt am Main, Suhrkamp Verlag, 2001.

Simone Frieling
Ich schreibe, also bin ich

blue notes 83, 144 Seiten
Abb., Halbleinen
Fadenheftung
ISBN 978-3-86915-185-4

Anhand von Romanen, Briefen, Tagebüchern und Gedichten großer Schriftstellerinnen von Hannah Arendt bis Virginia Woolf zeigt Simone Frieling in ihren Porträts das Spannungsfeld, in dem sich weibliche Kreativität stets bewegt: Ob am Küchentisch wie Sylvia Plath, in der Zelle wie Rosa Luxemburg oder auf dem zugigen Dachboden wie Marina Zwetajewa – überall hier haben Frauen geschrieben und überall hier ist Weltliteratur entstanden, gegen alle Widrigkeiten der Welt.

Simone Frieling
Rebellinnen
Hannah Arendt, Rosa Luxemburg und Simone Weil

blue notes 76, 144 Seiten
Abb., Halbleinen
Fadenheftung
ISBN 978-3-86915-170-0

Hannah Arendt, Rosa Luxemburg und Simone Weil – drei Kämpferinnen für die Freiheit, die bis heute nichts von ihrer Faszination verloren haben, vorgestellt in Einzelporträts von Simone Frieling. Alle drei waren sensibel, selbstbewusst und begabt, stammten aus assimilierten jüdischen Familien und wuchsen mehrsprachig auf. Modern und aufgeklärt stellten sie sich den sozialen, politischen, philosophischen und religiösen Fragen ihrer Zeit und handelten kompromisslos nach ihrer Überzeugung.

1. Auflage 2020

Umschlaggestaltung: Lisa Neuhalfen, moretypes, Berlin
unter Verwendung von Fotografien von
Ingeborg Bachmann © picture alliance / dpa; Paul Celan
© DLA Marbach; Olga Iwinskaja © Andrei Kozovoi,
wikimedia commons; Franz Kafka, Milena Jesenská:
wikimedia commons; Boris Pasternak © picture alliance /
IMAGNO / Votava | Votava.
Satz: Birgit Cirksena · Satzfein, Berlin
Grafiken: Simone Frieling, Mainz
Druck und Bindung: GGP Media GmbH, Pößneck
Printed in Germany
ISBN 978-3-86915-215-8

www.ebersbach-simon.de